THE FAMOUS BEER OF VIETNAM
HALIDA
PREMIUM LAGER BEER
TRADE MARK
LAGER BEER
BIVINA
LARUE
LEMON
ĐAIVIỆT
BLACK
SABECO
333
Export Beer

ベトナム料理は
生春巻きだけじゃない

ベーシックからマニアックまで
おいしいレシピ88

奥深き、ベトナム料理の世界へようこそ！

目　次

Bia hơi

ビアホイとは、昔ながらの ベトナムの生ビール

Gỏi, Nộm

南部ではゴイ。北部ではノム。どちらもサラダやあえもののこと

Lẩu

暑くても、寒くても鍋

Xôi, Cơm

朝ごはんに、おやつに。おこわとごはんもの

Ăn vặt

小腹がすいたら、いつでもちょこちょこ。甘いおやつとしょっぱいおやつ

Column

コラム

この本を読む前に

▷ベトナムは南北で言葉・発音が大きく異なります。本書では、南部の料理は南部の、北部の料理は北部の名称・発音を記載している。
▷スペアミント、バジル、ディルは葉のみを使う。
▷赤わけぎがない場合は、細ねぎの白い部分を包丁で叩き、みじん切りにしたものを使う。
▷野菜やハーブは水洗いし、水気をきってから使う。
▷黒こしょうはミルでそのつどひいて使う。
▷1カップは200cc、大さじ1は15cc、小さじ1は5cc。
▷材料は特に記載がない場合は下記のものを使用。
・赤唐辛子は生のもの
・貝は殻付き
・ピーナッツはタイ産かベトナム産の小粒なものを煎る。くだいたバターピーナッツで代用可能。
・酒とだけある場合は日本酒

撮影／天方晴子 現地写真／天方晴子、足立由美子、伊藤 忍、鈴木珠美 デザイン／矢内 里、佐野久美子 協力／深澤比砂子、柿沢 彩 編集／井上美希

Bánh tráng

ライスペーパーのつかいみちは、生春巻きだけじゃない

丸いライスペーパー

米の生地を薄く広げて蒸し、竹ざるの上で干してつくります。直径20cm前後のものと15cm前後のものがあります。日本に輸入されているもののほとんどにタピオカでんぷん粉が入っており、厚くてもどりにくいので、水にくぐらせてから使います。

四角いライスペーパー

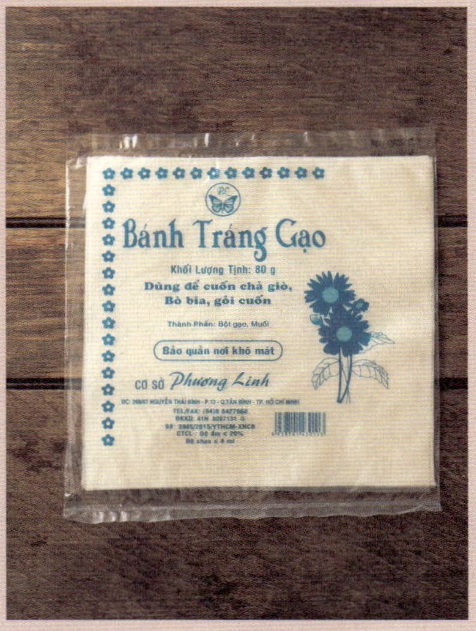

ごく薄いライスペーパー。北部でつくられはじめたものです。とても薄いので水にくぐらせてもどす必要はなく、そのまま野菜や肉、魚などを巻きます。巻いているうちに具材の水分でやわらかくなります。手に入らなければ、丸いライスペーパーで代用して下さい。

ライスペーパーは西山朝大越の第２代皇帝グエン フエ（Nguyễn Huệ）の時代（1788～1792年）に、携行可能な兵糧としてつくられはじめたとききます。日本で有名なのは生春巻きですが、これは南部のごく一部のみで食べられている軽食で、もっともポピュラーな使い方は、卓上で肉や魚のおかずと生野菜、ハーブを包んで食べるというもの。ここ数年では、バインチャンヌン（P.11）やバインチャンチョン（P.11）といった新しい食べ方が生まれています。

ライスペーパーは、その名の通り、ごはんが紙状になったもの。日本では生春巻きと揚げ春巻き以外の使いみちはあまり知られていませんが、卓上で各自が肉や魚と野菜を巻く食べ方を伝えたくて、店のメニューにのせています。はじめて食べるお客さまはみなさん、「ライスペーパーにこんな使い方があったの！」と感動されます。

はじめてベトナムでライスペーパーを食べたとき、日本で食べていたものよりもずっと薄いことにびっくりしました。あちらでは、もどさずにそのまま使うこともあり、バナナの葉にはさんでおいて、やわらかくなったものを使うこともあります。

ライスペーパーのもどし方

a.

b.

ライスペーパーをもどすときは、ボウルなどに水をはり、くぐらせます(a)。ものによっては水にくぐらせるとやわらかくなりすぎることもあります。その場合は手で水をライスペーパーにぬります(b)。その後、皿、もしくはふきんを敷いたまな板やトレイなどの平らな場所にしばらくおき、水分がライスペーパーに浸透していくのを待ちます。巻いても折れないくらいのやわらかさになったら具材を巻きはじめましょう。

ベトナムで見つけたライスペーパーをもどすための道具

ベトナムではライスペーパーをもどすための道具を売っています。円形の網の間に１枚ずつライスペーパーをはさみ（a)、まとめて水にくぐらせ（b)、そのまま卓上へ。ライスペーパーがくっつかないので便利です。左写真の左上のものはライスペーパーをもどすための水を入れる器。ライスペーパーをさしこみ、くるりとまわすと全体を濡らすことができます。

a.

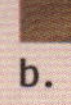
b.

生春巻きは、どのようにして生まれたか

伊藤 忍

生春巻きは南部にしかない

「生春巻き（Gỏi cuốn）」（P.16）は、ベトナム料理といえば一番に名前があがるほど外国人にはよく知られ、ベトナム料理の代名詞ともいえる存在です。しかし、実はベトナムではホーチミン市（旧サイゴン）を中心としたベトナム南部地方だけで食べられている料理です。北部や中部の観光客向けレストランでもときどき見かけることがありますが、その土地のベトナム人が習慣的に食べているわけではありません。

ホーチミン市のチョロン地区で生まれた料理

さらにいうと、伝統的な料理でもなく、外国の影響を受けてつくられた比較的新しい料理なのです。

生春巻きはフランス統治時代、旧サイゴンのチョロン地区で生まれたといわれています。かつてこの地区にはたくさんの華人が住んでいました。生春巻きが生まれた背景についてお話しするには、この本でもご紹介している華僑風の生春巻き「ボービア（Bò bía）」（P.18）について、まずふれておかなくてはなりません。

中国の「薄餅」がベトナムでボービアに

ボービアのもととなった料理は、中国の「薄餅」。薄餅は薄い生地に、味噌などの調味料をぬり、生や加熱した野菜、薄焼き卵などの具材を巻いたものや、それを揚げたもののこと。アジア各国に移住した華人たちによって、台湾、シンガポール、マレーシア、タイなどに伝えられ、薄餅の中国語の発音が変化した「ポピア、ポーピア（Po pia）」や「ポピアー（Po phia）」という名前で親しまれています。生地は小麦粉でつくられることが多いのですが、米がとれる福建省や広東省などの中国南部では、米粉を使って皮をつくるといいます。

ベトナムにこの料理を伝えたのは、チョロン地区に移住した華人の中でも広東省の潮州出身の華人です。潮州の方言では、薄餅のことを「ボービーアー」と発音するそうで、そこからベトナムでは「ボービア」と呼ばれるようになりました。ベトナム人には焼いた皮を使う本来のスタイルよりも、もともとベトナムにあったライスペーパーでつくった方が好まれたそうで、ライスペーパーで巻くベトナムスタイルが完成しました。

生春巻きはボービアの変化形

このベトナムスタイルのボービアを参考に、具材をベトナム人がより好み、よく食べるゆでえび、ゆで豚肉、生野菜、ハーブ、ブンなどに変えて売る店がでてきて、これが定着。「生春巻き」という料理が誕生したのです。ベトナムでは生春巻きには味噌だれを添えるのですが、それは、もとになった中国の料理「薄餅」に味噌だれを使っているからなのです。

Chả giò

揚げ春巻き

レシピ⇒ P.12

足立由美子

Nem hải sản

ネム ハイサン
（海鮮春巻きコロッケ）

レシピ⇒ P.13

足立由美子

Bánh tráng nướng

バインチャンヌン
（焼きライスペーパー）

レシピ⇒ P.14

鈴木珠美

Bánh tráng trộn

バインチャンチョン
（あえライスペーパー）

レシピ⇒ P.15

伊藤 忍

Chả giò

チャー ヨー

揚げ春巻き

足立由美子

小さく巻くのは南部のスタイル。たっぷりのハーブとともに葉野菜にくるんで食べる

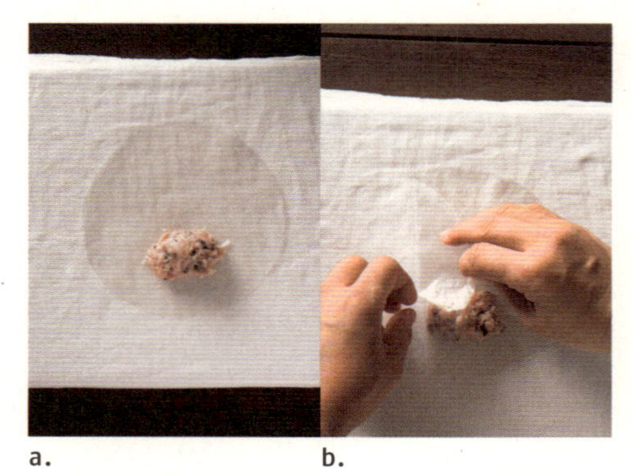

a. b.

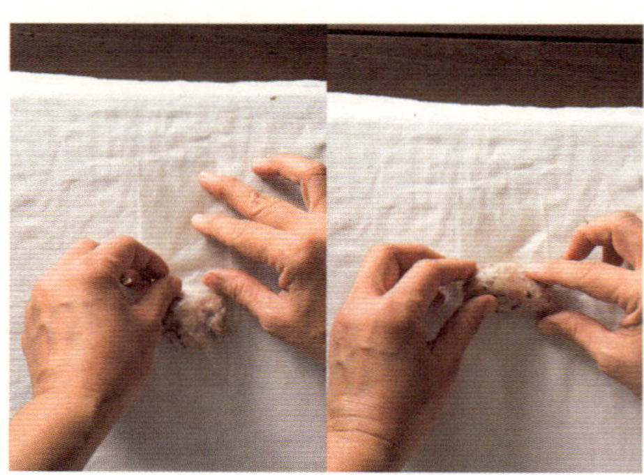

c. d.

e.

材料　20本分
きくらげ（乾燥）…5g
緑豆春雨（乾燥）…10g
A
- 豚ひき肉…200g
- かに（ほぐし身）…100g
- 玉ねぎ（みじん切り）…40g
- にんにく（みじん切り）…2片分
- 卵…1/2個分
- グラニュー糖…小さじ1/2
- 塩…小さじ1/4
- 黒こしょう…小さじ2

丸いライスペーパー（小）…20枚
揚げ油…適量
ヌックチャムA（P.151）…適量
葉野菜とハーブ（サニーレタス、大葉、香菜、スペアミント）…各適量

1. きくらげは約半日、水に浸してもどし、石づきを取る。緑豆春雨は15～20分、水に浸してもどす。それぞれ水気をきり、細かくきざむ。
2. ボウルに**1**とAを入れ、ねばり気が出るまでよく混ぜる。
3. 水でもどしたライスペーパーで**2**を包む（a~d）。
4. サラダ油をフライパンに高さ2/3ほど注ぎ、**3**をくっつかないように入れる（e）。火をつけ、中火でときどき返しながらゆっくり揚げる。
5. ライスペーパーがかたくなったら取り出し、油を約170℃に熱して2度揚げする。葉野菜とハーブとともに盛り、ヌックチャムを添える。葉野菜で春巻きとハーブを巻き、ヌックチャムにつけて食べる。

POINT

ベトナムではじめて習った料理が揚げ春巻きでした。あまりにたくさんつくり、どっさりとハーブや野菜を添えるので、はじめはこんなにたくさん食べられるのかしら？と思っていたのですが、ぺろりと全部食べてしまったことにびっくりました。蒸し暑い気候の中で食べる、外はカリカリ、中はジューシーな揚げ春巻きと甘酸っぱいたれの組み合わせがあまりにおいしくて、帰国してすぐに家でつくったのを覚えています。

Nem hải sản
ネム ハイ サン

ネム ハイサン
（海鮮春巻きコロッケ）

足立由美子

かに、赤玉ねぎ、香菜をマヨネーズであえてライスペーパーに包み、衣をつけてカリッと揚げる

材料　4人分/8本

A
- かに（ほぐし身）…100g
- 赤玉ねぎ*1…100g
- 香菜（長さ1cmに切る）…30g
- マヨネーズ*2…大さじ5（60g）
- 黒こしょう…少量

四角いライスペーパー（P.7）…8枚

衣
- 薄力粉…適量
- 溶き卵…1個分
- 生パン粉…適量

揚げ油…適量

にんにくマヨネーズ*3…適量

＊1：繊維を断ち切るように薄切りにする。
＊2：瓶入りのマヨネーズを使用。酸味が強くなく、マイルドな風味のものがおすすめ。
＊3：マヨネーズ約大さじ6に、にんにく（すりおろし）1/2片分とレモン汁小さじ1を順に加え混ぜる。

1　Aを混ぜ、春巻きをつくる要領で四角いライスペーパーで巻く。
2　1を衣の材料に順にくぐらせ、約170℃の油できつね色になるまで揚げる。にんにくマヨネーズを添え、好みでつけて食べる。

POINT

ネムは北部の言葉で春巻きなどのこと、ハイ サンは海鮮という意味です。ライスペーパーに包み、コロッケ同様の衣をつけて揚げるという独特のスタイルはハノイ発祥。15年ほど前に流行し、いまでは定番のメニューになりました。

Bánh tráng nướng
バイン チャン ヌン

バインチャンヌン（焼きライスペーパー）

鈴木珠美

ライスペーパーに溶き卵をぬり、そぼろ、桜えび、切りいかなどをのせてあぶるストリートフード

材料　2人分
そぼろ
- ごま油…小さじ2
- にんにく（みじん切り）…小さじ1/2
- 豚ひき肉…100g
- A
  - ヌックマム…小さじ1/2
  - シーズニングソース…小さじ1/2
  - グラニュー糖…小さじ1/2弱
  - 黒こしょう…少量

丸いライスペーパー（大）…2枚
卵…2個
細ねぎ（小口切り）…大さじ6
桜えび…大さじ4〜5
切りいか*…5g
ホットチリソース…適量

*：干したするめいかを細くさいたもの。広島風お好み焼きなどに使うごく細いタイプを使用。

1 そぼろをつくる。フライパンにごま油とにんにくを入れて火にかける。にんにくの香りがたってきたら、豚ひき肉を入れ、色が変わるまで炒める。Aを加えて炒め、肉に調味料をからめる。
2 テフロン加工のフライパンにライスペーパーを入れ、強火にかける。フライパンが温まったら中火にする。
3 卵1個を溶きほぐし、そぼろと細ねぎを半量ずつ加え混ぜる。
4 2のライスペーパーがそりかえってきたら、3をライスペーパーの上に流し入れ（a）、スプーンで広げる（b）。卵の水分でライスペーパーがやわらかくなり、卵の表面がかわいてきたら（c）、全体に桜えびと切りいかを半量ずつちらし（d）、ディスペンサーに入れたホットチリソースをかける（e）。フライ返しで半分に折りたたむ（f）。

a.　b.

c.　d.

e.　f.

POINT

屋台で食べられます。夕方になると道端に七輪を出し、プラスティックの椅子に座ってつくってくれます。現地では七輪にのせた焼き網にライスペーパーをのせてあぶり、うずらの卵を割り入れてくずし、細ねぎや肉そぼろをのせてつくります。
ソーセージやピザ用チーズ、えびなどをのせてアレンジする店も増えていますが、このレシピでは元祖バインチャンヌンの味わいを再現してみました。桜えびは無漂白の高級品よりも、赤くて安っぽいもののほうが現地の味わいに近くなります。切りいかもチリソースも塩分が多いのでそぼろの味つけはひかえめに。

Bánh tráng trộn
バイン チャン チョン

バインチャンチョン（あえライスペーパー）

伊藤 忍

ビニール袋に細切りのライスペーパー、たれ、マンゴーやあみえびを入れ、袋の中で混ぜてつくる

a. b.

c. d.

e. f.

材料　2人分
丸いライスペーパー（大）…3枚
A
湯…大さじ1と1/2
グラニュー糖…大さじ1/3
シーズニングソース…大さじ1弱
酢…小さじ1/2
B
青マンゴー *1（せん切り）…60g（可食部）
ねぎ油…P.151掲載の全量
あみえび（乾燥）…大さじ3
香菜（ざく切り）…適量
サテー *2…適量
C
フライドオニオン…大さじ2
ピーナッツ（くだく）…大さじ2
レモン（くし形切り）…2切れ

＊1：酸っぱすぎるならグラニュー糖大さじ1/2～1をもみこむ。青マンゴーが手に入らなければ、にんじん60gにグラニュー糖とレモン汁各大さじ1をもみこんで代用可能。
＊2：鍋にレモングラス（みじん切り）1本分、にんにく（みじん切り）1片分、サラダ油大さじ3を入れて熱する。にんにくが色づいてきたら耐熱容器に移す。油がぬるくなったら一味唐辛子小さじ1～2を加えて混ぜる（油が熱いと唐辛子が焦げ、冷めていると辛みが溶けない）。

1 ライスペーパーはハサミで半分に切り（a）、幅2cmに切る（b）。
2 Aの湯にグラニュー糖を溶かし、残りの材料を混ぜて、たれをつくる。
3 ビニール袋に1とBを1人分ずつと、たれ大さじ1を入れ、ライスペーパーどうしがくっつかないようによく混ぜ、たれをもみこむ。
4 少しおいてしんなりしたら、Cを1人分を混ぜる。好みでたれをかけ足したり、レモンを絞る。

POINT

おやつとして食べられているストリードフードです。注文するとボウルで混ぜてビニール袋に入れてくれたり、材料をそのままビニール袋に入れて混ぜてから渡してくれます。ライスペーパーがたれやマンゴーの水分をすってやわらかくなったら食べます。あちらではおやつとして食べられていますが、ビールのつまみにもなる味です。

Gỏi cuốn
ゴイ クォン

生春巻き

鈴木珠美

必ず入る具材はえびと豚肉。たっぷりの葉野菜とハーブが欠かせない

a.　b.

c.　d.

e.　f.

材料　6本分
えび…6尾
しゃぶしゃぶ用豚ばら肉（長さ10cmに切る）…120g
丸いライスペーパー（大）…6枚
大葉…6枚
細ねぎ（長さ10cmに切る）…1/3束分
きゅうり（長さ10cm・縦8等分）…1本分
大根とにんじんのヌックチャム漬け（P.151）…適量
スペアミント…適量
グリーンカール…大6枚
ヌックチャムC（P.151）、ホットチリソース、スイートチリソース…各適量

1. えびと豚肉は酒と塩（各適量、分量外）を加えた湯で、それぞれゆでる。えびは殻をむき、半分の厚さに切る。
2. 水にくぐらせたライスペーパーに大葉1枚、細ねぎ3本、きゅうり2切れ、豚肉2〜3枚、大根とにんじんのヌックチャム漬け、スペアミント、手のひらくらいの大きさにちぎったグリーンカール1枚分を順にのせ､奥にえびを2切れ置く（a〜c）。（ライスペーパーはP.8の道具を使ってもどしている）
3. 手前からきゅっとしめながらきつく巻く（d）。えびの手前まで巻いたら、左右のライスペーパーを内側に折り（e）、最後まで巻く（f）。ヌックチャム、ホットチリソース、スイートチリソースを添え、好みでつけて食べる。

POINT

ベトナムでは屋台などで売っているおやつです。日本ではヌックチャムを添えることが多いですが、本来は味噌だれで食べます。最近は生春巻き発祥の地である南部でもヌックマムベースのたれで食べさせる店がではじめています。ヌックチャムとチリソースを混ぜあわせてもおいしいです。

Bò bía

ボー ビア

ボービア（華僑風生春巻き）

伊藤 忍

腸詰めや薄焼き卵などをライスペーパーで包む。
生春巻きのもとになった料理

材料　4人分/8本
香腸（生）*1…適量
A
　卵…2個
　塩…2つまみ
B
　あみえび（乾燥）…大さじ4
　水…大さじ1
　にんにく（みじん切り）…1片分
C
　キャベツ（せん切り）…100 g
　にんじん（せん切り）…100 g
　塩…2つまみ
たれ
　湯…大さじ3
　甜麺醤…30 g
　ピーナッツバター…15 g
　にんにく（みじん切り）
　…1片分
　ココナッツミルク…大さじ3
　グラニュー糖 *2
　…小さじ1前後
　ピーナッツ（くだく）、ホットチリソース…各適量
丸いライスペーパー（大）
…8枚
サラダ油…適量
グリーンカール
（一口大にちぎる）…4～6枚
もやし（ひげ根をとる）、オリエンタルバジル（または大葉、香菜）…各適量

＊1：中国の腸詰。冷凍のものがインターネットショップなどで購入可能。
＊2：使う甜麺醤の甘さによって量を調整する。

a.　b.

c.　d.

e.　f.

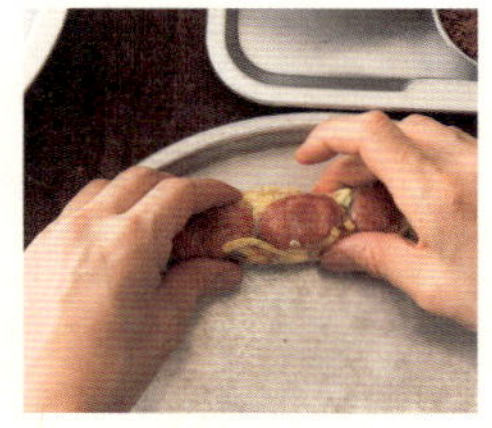
g.

1 香腸は斜め薄切りにして、少量のサラダ油を熱したフライパンで焼く。
2 ボウルにAの卵を溶いて塩を加え、少量のサラダ油を熱したフライパンで薄焼き卵にする。冷めたら細く切る。
3 Bのあみえびに水をふってもどす。少量のサラダ油とにんにくを熱したフライパンに入れて炒める。
4 フライパンに少量のサラダ油を熱し、Cのキャベツとにんじんを入れてふたをし、弱火で蒸し焼きにする。しんなりしたらふたを取って火を強め、水気を飛ばす。塩を混ぜ、冷ます。
5 たれの湯に甜麺醤とピーナッツバターを入れて溶く。鍋に少量のサラダ油とにんにくを入れて熱し、香りがたってきたら、湯で溶いた甜麺醤とピーナッツバターを加える。ふつふつとしてきたら、ココナッツミルクを加え、グラニュー糖で味をととのえる。冷めたら小皿に1人分ずつ盛り、ピーナッツとホットチリソースをかける。
6 水をつけたライスペーパーに1～5の具材を巻く。
①水をつけたライスペーパーをトレイなどに置き、奥から約3㎝のところに1を並べ、上に2をのせる（a）。手前にグリーンカールを置き、上に4を広げる（b）。
②もやしをにぎり（c）、①の上にのせる（d）。もやしをにぎるのはライスペーパーを破らないよう短く折るため。バジルと3をのせる。
③トレイを1/4回転させ、手前側と奥側のライスペーパーを折る。
④トレイを元の向きに戻し、手前からきつく締めながら巻く（e~g）。ゆるく巻くと食べる時にバラバラになりやすい。皿に盛ってたれを添える。

Gỏi cá

ゴイ カー

ゴイカー（刺身のあえもの）

鈴木珠美

刺身、生野菜、ハーブを、たれであえ、ライスペーパーで巻いて食べる

材料　2人分
パイナップル…1/8個
きゅうり…1本
サニーレタス…5枚
香菜…適量
たい（刺身用）…100g
A
しょうが（せん切り）…1片分
ディル…2本分
ピーナッツ…小さじ2
スペアミント…1/3パック分
赤玉ねぎ*…1/8個分
たれ
ヌックチャムC（P.151）…大さじ3
ホットチリソース…小さじ2
ごま油…小さじ2
四角いライスペーパー（P.7）…10枚

*：繊維と直角に薄切りにする。

1 パイナップルは皮をむき、1cm角・長さ5～6cmに切る。きゅうりはピーラーでごく薄くスライスする。サニーレタスは手のひらくらいの大きさに切る。香菜は長さ5～6cmに切る。

2 たいは薄くそぎ切りにする。皿の中央にたいを、まわりにAを盛る。別皿に**1**を盛る（きゅうりは1枚ずつくるくると巻いて盛る）。ライスペーパーは半分に切り、コップに入れて添える。たれの材料を混ぜて小皿に入れて添える。

3 卓上でたいの皿にたれをかけ（a）、たいとAを和える（b）。ライスペーパーに別皿の野菜などとともに巻いて食べる（c~e）。

a.　b.

c.　d.

e.

POINT

極薄の四角いライスペーパーはそのまま使いますが、丸いライスペーパーを使う場合は水にくぐらせてから巻きます。たれが足りなければ、食卓でかけたします。

Cá chiên cuốn bánh tráng

カー チン クォン バイン チャン

揚げ魚のライスペーパー巻き

鈴木珠美

じっくり揚げた魚がこうばしい。盛りつけは魚が泳いでいる様子を再現したもの

材料　4人分
黒だい（体長25cm）…1尾
揚げ油…適量
きゅうり…1本
パイナップル…1/8個
大根…適量
細ねぎ（長さ約20cm）…4本
水菜、香菜…各適量
ブン（乾燥）*…50g
大根とにんじんのヌックチャム漬け（P.151）…適量
スペアミント…適量
ヌックチャムC（P.151）…適量
ディル…適量
四角いライスペーパー（P.7）…12枚

＊：P.30を参考にして、もどしてゆでる。

1 黒だいはうろこと内臓を取る。140℃の油に入れ、油をまわしかけながら170℃まで温度を上げながら素揚げする。揚げ時間は20〜30分ほど。
2 きゅうりは皮をむき、長さ6〜7cmに切る。種を取り、縦8等分に切る。パイナップルは皮をむき、長さ6〜7cmに切る。大根は7×13cm・厚さ3〜4cmに切り、皮をむく。細ねぎは空芯菜カッターで先だけをさく。水菜と香菜はざく切りにする。
3 大根に竹串を4本刺し、細ねぎをさいた方を上にして竹串にはめる（a）。1を竹串の間にはめる（b）。大根を隠すように水菜と香菜を盛る（c）。別皿にきゅうり、パイナップル、ゆでたブン、大根とにんじんのヌックチャム漬け、スペアミントを盛る。ヌックチャムにディルを入れて添える。ライスペーパーは半分に切り、コップに入れて添える。
4 揚げ魚の身をほぐす（d）。ライスペーパーを手にとり、好みの具材をのせて巻き（e~f）、ディルを入れたヌックチャムにつけて食べる（g）。

a.　b.

c.　d.

e.　f.

g.

POINT

メコン川クルーズツアーの昼食として出されることで有名な「エレファントイヤーフィッシュ（象耳魚）のカリカリ揚げ」を黒だいで。いまでは揚げた魚を立てて盛るための木製の台を売っていますが、以前はこのように野菜で土台をつくっていました。

Cá hấp cuốn bánh tráng
カー ハップ クォン バイン チャン

蒸し魚のライスペーパー巻き

鈴木珠美

まるごと蒸した魚に熱々のレモングラスのオイルをまわしかける。身はふっくらして、よい香り

a.　b.

c.　d.

e.　f.

材料　4人分
たい…1尾（約350g）
レモングラス…1本
レモン…1/2個分
塩…少量
こぶみかんの葉…3枚
赤唐辛子…3本
ルア・モイ *…50cc
レモングラスオイル
　レモングラス（みじん切り）…1本分
　米油…大さじ3
たれ
　ヌックチャムC（P.151）…適量
　ディル（みじん切り）…適量
　フライドオニオン…適量
　黒こしょう…適量
　ねぎ油（P.151）…適量
生野菜とハーブ（サニーレタス、大葉、香菜、ディル、スペアミント、オリエンタルバジル）…各適量
丸いライスペーパー（小）…12枚

*：うるち米でつくるベトナム焼酎。すっきりとした味わいが特徴。なければ、日本酒や米焼酎で代用可能。

1 たいはうろこと内臓を取る。レモングラスは長さ5〜6cmの斜め切りにする。レモンは皮をむき、輪切りにする。蒸し器に湯を沸かしておく。

2 蒸し器に深さのある耐熱皿を入れ、1のたいをのせ、塩をふる。1のレモングラスとレモン、こぶみかんの葉と赤唐辛子をのせる。ルア・モイを深さ1cmほど回しかける。

3 蒸気のあがった蒸し器に2を入れ、そのままの火加減で20分間蒸す。

4 レモングラスオイルをつくる。フライパンにレモングラスと米油を入れて強めの中火にかけ、香りがたってレモングラスがこんがりとしたら火からおろす（a）。すぐに3のたいに回しかける（b）。

5 4に生野菜とハーブ、ライスペーパーを添える。たれの材料を1人分ずつ小皿に入れる。蒸し魚の身をほぐす（c）。水をつけたライスペーパーに蒸し魚の身、生野菜とハーブを好みで巻き（d〜e）、たれにつけて食べる（f）。

POINT

蒸し魚はとてもオーソドックスな料理で、家庭でもごちそう料理として食べられているほか、さまざまなお店で食べられます。ブンと一緒に食べることも。店によってたれや味つけがちがい、たれになますを入れたり、醤油味にして蒸すことも。北部では魚によくディルを組み合わせます。魚はあちらでは淡水魚を使うことが多いです。

Thịt cừu nướng
ティット クー ヌン

ラム焼き肉の ライスペーパー巻き 腐乳だれ

伊藤 忍

スパイシーなたれに漬けたラムに、独特のクセと味わい深さのある腐乳だれは、抜群の相性

a.

b.

c. d.

材料　4人分

ラム薄切り肉…300g

A
- にんにく（みじん切り）…1片分
- しょうが（みじん切り）…1片分
- レモングラス（みじん切り）…1本分
- 赤わけぎ（みじん切り）…2～3個分
- シーズニングソース…大さじ2
- グラニュー糖…大さじ1と1/3
- ごま油…大さじ2
- ターメリックパウダー…小さじ1/2
- 五香粉…小さじ1/3
- 黒こしょう…少量

B
- 白腐乳…60g
- 水…大さじ4
- グラニュー糖…大さじ3～4
- ごま油…小さじ1

ブン（乾燥）…200g
空芯菜…1束
生野菜（グリーンカール、大葉、香菜、きゅうり）…各適量
オクラ…10本
なす…2本
丸いライスペーパー（大）…適量
サテー（P.15）…適量

POINT

ベトナムではやぎが日常的に食べられていて、各地にやぎ鍋屋があります。やぎ鍋屋ではやぎ焼肉も出していて、ベトナム人は焼肉を食べてから鍋を食べます。日本ではやぎ肉は手に入りにくいので、ラム肉にあわせてたれの味を調整しました。牛肉を使ってもよいです。空心菜の葉は生のまま肉と一緒に包みますが、茎は生のままでも肉と一緒に焼いても、お好みで。

1 ラム肉は食べやすい大きさに切る。Aを混ぜあわせて肉にもみこみ、約15分おく。
2 ボウルにBの腐乳を入れてなめらかになるまで練る。残りの材料を混ぜ合わせ、1人分ずつ小皿に盛る。
3 ブンはもどしてゆで、食べやすい長さに切って盛る（P.30参照）。
4 空芯菜は葉と茎に分け、それぞれ長さ10㎝に切る。生野菜は食べやすい大きさに切り、空芯菜の葉とともに器に盛る。
5 オクラはヘタのかたい部分をむき、縦半分に切る。なすはヘタを取り、縦半分に切ってから厚さ1㎝に切る。**1**、**4**の空芯菜の茎とともに器に盛る。
6 サラダ油（分量外）で肉を焼き、オクラ、なす、空芯菜の茎は肉の漬けだれをからめて焼く。半分に切って水にくぐらせたライスペーパーに、**4**とともにのせて巻き（a~c）、たれをつけて食べる（d）。たれには好みでサテーを加える。

Bún, Phở etc...

ベトナムの人がいちばんよく食べる
麺は、フォーじゃなくてブン

ブン

ベトナムを代表する米麺。米生地を発酵させてつくるため、つるつるとした食感です。生地を絞り出してゆでて、水にさらしてしめればできあがり。絞り出して成形するため、断面が丸い麺です。ベトナムでは、市場などで生麺を売っていますが、日本で手に入るのは乾麺のみ。水でもどしてからゆでて使います。

フォー

フォーの生地は、浸水させた米を挽き、そこに水を混ぜて液状にしてつくります。これを平らにのばし、蒸してから細く切り、生麺の状態で売っています。日本で手に入るのは、切れにくくなるようにタピオカ粉を加えた乾麺のみ。水でもどしてから、湯にくぐらせて使います。

タイの米麺

ベトナムにはフーティウやミークァンなど、さまざまな米麺があります。この章ではそれらの麺料理もご紹介していますが、どの麺も日本では手に入りません。そこで、入手しやすいタイの米麺、クイッティオで代用しています。太さによって名前がちがい、太麺はセンヤイ、中太麺はセンレック、もっとも細いものはセンミーといいます。

日本で有名なのはフォーですが、ベトナム全土でもっとも日常的に食べられている麺はブンです。フォーはフランス統治時代にできた新しい料理で専門店で食べるものですが、ブンは家庭でもつくります。あえたり、汁麺にしたり、ライスペーパーで巻く料理の具にしたり、鍋とともに食べたり、食べ方のバリエーションも豊富です。ベトナムには地方ごとにさまざまな麺があり、その数は10種類以上。ミークアン（P.38）やフーティウ（P.41）は地方で食べられている郷土料理です。

ベトナムの麺料理は汁麺、あえ麺、つけ麺、と食べ方のバリエーションが豊富なところが魅力。フーティウ（P.41）のように、同じ料理でも汁麺とあえ麺の二通りの食べ方をするものもあるのが面白いところです。あえ麺にもいろいろな種類があっておすすめ。ブン チャーヨー（P.32）やブン ティット ヌン（P.32）は、ブンが手に入らなければ、そうめんで代用してつくってみてください。

フォーやブンは日本では乾麺しか手に入りませんが、あちらでは生麺の状態で売っています。乾麺は水やぬるま湯でもどした後、1食分ずつビニール袋に入れて冷蔵庫で保存すると3～4日はもちます。使うときにさっと熱湯にくぐらせればすぐに食べられるのでとても便利です。ベトナムの麺料理で一番好きなのは鶏肉のフォー。北部のフォーはシンプルにおいしいだしを味わい、南部ではどっさりのハーブを入れて自分好みの味にして食べます。ベトナムでフォーを食べるときは町の中心部にある店で、外にたくさんのバイクが停まっているところを選ぶとおいしいものが食べられます。

乾燥米麺のもどし方

どの麺も、ゆでる前にたっぷりの水、もしくはぬるま湯に浸してもどします。折り曲げてみて、かたさを感じなければもどっています。麺によって、浸す水の温度や時間がことなります。時間はいずれも目安です。季節や麺の状態によってちがうので、さわって状態をたしかめましょう。

浸水時間：

ブン

水／約30分

フォー

水／約1時間
ぬるま湯（約35℃）／
20～30分

タイの米麺

湯（60～70℃）／
15～20分

ゆで方：

ブン

1.
もどしたブンをほぐす。食べてみてもちもちするまで、約1～2分熱湯でゆでる。

2.
湯をきって冷水にとり、もみ洗いする。水気をきって、器に盛る。

フォー

1.
手付きザルに1人分を入れ、湯を沸かした鍋に15～30秒入れて温める。湯をきり、器に入れる。

タイの米麺

1.
もどした麺を水洗いする。

2.
手付きザルに1人分を入れる。湯を沸かした鍋に数十秒入れ、くたっとしたら、すぐに引き上げる。

3.
器に盛る。

ゆでたブンの盛りつけ：

ブンは鍋料理や、ライスペーパーで巻く料理の具材としても使われます。ゆでたブンはそのままおいておくとくっついてしまうので、用途にあわせて小分けにしておくとよいです。

鍋料理の具材にするとき

1.
食べやすい長さに切る。

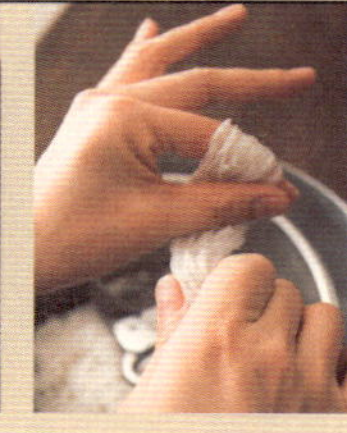

2.
指を使って、くるりと巻く。

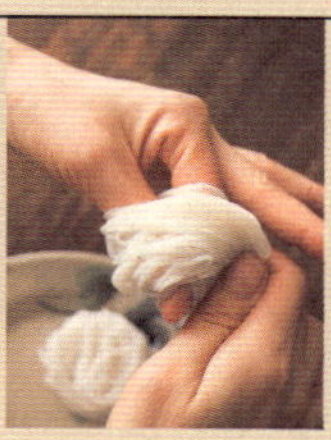

3.
巻き終わり。

4.
器に盛る。

ライスペーパーで巻く料理の具材にするとき

1.
細長く切る。

2.
バットに長さ7～8cmになるように置く。

フォーの歴史は意外と浅い

伊藤 忍

フォーが生まれたのは、100年ほど前のこと

日本でもおなじみのフォーですが、生春巻きと同様に、伝統的なベトナム料理ではありません。その歴史はせいぜい100年ほど。比較的新しい料理です。ベトナムでもっともポピュラーで伝統的な麺というとブンで、15世紀にはすでに食されていたという記録があります。ブンは日本でいうと蕎麦やうどんのように古くから食べられてきた麺で、フォーは歴史は浅いのに海外ではベトナム料理としての認知度が高いという点で日本におけるラーメンによく似た存在です。

フォーはフランス統治時代に生まれた

フォーの誕生には諸説ありますが、わたしが調べたなかでもっとも有力な説はフランス統治時代に生まれたというものです。最初につくられたとされる場所は北部のナムディン省。フランス人が営む大きな紡績工場があり、そこで食べられていたフランス人のまかない料理である牛肉と玉ねぎなどの野菜の煮込みに麺をあわせたものが、原型だといわれています。

フランス人の入植前から水牛は食べていたものの、フランス人によって食用の牛が育てられるようになるまで、牛肉を食べる習慣のなかったベトナム人。紡績工場でフランス人がつくる牛肉と野菜の煮込み料理を食べて、そのおいしさにたいそう驚いたとか。フランス人はこの煮込みをパンとともに食べていましたが、ベトナム人受けするように麺を入れてつくった新しい料理がフォーのはじまりでした。

「フォー（Phở）」という名称はフランス家庭料理の「ポトフゥ（Pot au feu）」の「フゥ（feu）＝炎（煮込むという意味）」からつけられたそうです。その後、ナムディン省バンクー村にはフォーの製麺所が沢山つくられ、「フォーの故郷」と呼ばれるようになり、フォーの製麺は村の産業として発展しました。私もバンクー村を訪れたことがあるのですが、ハノイなどよりも規模の大きい製麺所がありました。

フォーはハノイに定着した

フォーはナムディン省に定着した後、同じ北部にある首都ハノイに上陸します。当時、ハノイでは、中華系移民である華人の売る、炒めた牛肉をのせた米麺の汁麺「牛肉粉」が流行っていたといいます。そこにフォーという新たな麺料理があらわれ、軍配はフォーに上がりました。ハノイの街にはフォー屋がいくつもでき、牛肉を食べる習慣も定着しました。

また、当時のハノイでは週に2日だけ市場で牛肉を売らない日があったため、鶏で代用する店がでてきて、あらたに鶏肉のフォーが誕生しました。その後、南部に移住した北部人によってフォーが伝えられ、1950年代にはサイゴン（現在のホーチミン市）にもフォーが定着したといわれています。そうしてフォーは全国的に有名な料理となったのです。

Bún thịt nướng

ブンティットヌン
（焼肉のせあえ麺）

レシピ⇒ p.34

足立由美子

Bún chả giò

ブンチャーヨー
（揚げ春巻きのせあえ麺）

レシピ⇒ p.34

足立由美子

Bún cá

ブンカー（揚げ魚とディルの汁麺）

レシピ⇒p.35

伊藤 忍

Bún riêu cua

ブンズィウクア（かに汁麺）

レシピ⇒p.45

伊藤 忍

Bún thịt nướng
ブン ティット ヌン

ブンティットヌン（焼肉のせあえ麺）

足立由美子

レモングラス入りのたれに漬け、こうばしく焼いた豚肉をブンにのせて、あえ麺に

材料　4人分

A
- グラニュー糖…大さじ2
- ヌックマム…大さじ2
- サラダ油…大さじ2
- にんにく（みじん切り）…大さじ3
- レモングラス（みじん切り）…2本分（約30g/約大さじ6）
- 黒こしょう…小さじ2/3

たれ
- 湯…180cc
- グラニュー糖…大さじ6
- ヌックマム…大さじ4
- ライムの搾り汁…大さじ2
- にんにく（みじん切り）…大さじ1
- 赤唐辛子…2本

豚ロース肉（薄切り）…300g
ブン（乾燥）…160g
サラダ油…大さじ1
青パパイヤとにんじんのなます（P.151）…120g
きゅうり（せん切り）…3/4本分
サニーレタス…4枚
大葉…8枚
スペアミント…適量
ピーナッツ（きざむ）…大さじ2

1 Aを混ぜ、豚肉にもみこんで約15分おく。
2 たれをつくる。湯にグラニュー糖を溶かし、残りの材料を混ぜる。
3 ブンはもどしてゆで（P.30参照）、食べやすい長さに切ってサラダ油（分量外・少量）をからめる。
4 フライパンに分量のサラダ油を熱し、1を焼く。火が通ったら、肉を押さえながらやや焦げるまでさらに焼く。
5 器にブンを盛り、汁気をきったなます、きゅうり、食べやすく切ったサニーレタスと大葉、スペアミント、ピーナッツをのせる。好みの量のたれをかけ、混ぜて食べる。

焼いた豚肉はそのままつまみにしても、バインミーにはさんでもおいしいです。

Bún chả giò
ブン チャー ヨー

ブンチャーヨー（揚げ春巻きのせあえ麺）

足立由美子

こちらもブンのあえ麺。南部の揚げ春巻「チャーヨー」をはさみでちょきちょき切ってのせる

材料　4人分
ブン（乾燥）…160g
サニーレタス…4～5枚
大葉…8枚
もやし（ひげ根を取る）…80g
きゅうり（せん切り）…1/2本分
大根とにんじんのなます（P.151）…100g
揚げ春巻き（P.10）…16～20本
ピーナッツ（きざむ）…大さじ2
香菜、スペアミント…各適量
ヌックチャムA（P.151）…1人分大さじ3

1 ブンはもどしてゆで（P.30参照）、食べやすい長さに切ってサラダ油（分量外・少量）をからめる。
2 器に食べやすい大きさにちぎったサニーレタスと大葉、もやしを1人分ずつ入れ、ブンをのせる。きゅうり、汁気をきった大根とにんじんのなます、調理バサミで半分に切った揚げ春巻、ピーナッツ、香菜、スペアミントをのせる。
3 ヌックチャムをかけ、全体を混ぜながら食べる。

Bún cá

ブン カー

ブンカー（揚げ魚とディルの汁麺）

伊藤 忍

魚のアラでスープをとり、身はカリッと揚げて具に。トマトとディルの風味がさわやかな汁麺

材料　2人分

魚（たいなど）…1尾（約300g）
しょうが（薄切り）…1/2片分
水…800cc
トマト…中1個
細ねぎ…2～3本
サラダ油…大さじ2

A
- ヌックマム…大さじ2
- 酢…小さじ1
- グラニュー糖…小さじ1/2
- 塩…適量

B
- ヌックマム…小さじ1/2
- グラニュー糖…1つまみ
- 黒こしょう…少量
- ターメリックパウダー…小さじ1/2

米粉（または薄力粉）…適量
揚げ油…適量
ブン（乾燥）…160g
せり（ざく切り）…1/2束分
ディル（ざく切り）…適量
黒こしょう…少量
サンチュ（太めのせん切り）、空心菜の茎（さく）、もやし（ひげ根を取る）…各適量

1. 魚は3枚におろし（a）、身はそぎ切りにする（b）。アラ（c）は沸騰させた湯に表面の色が変わるまでくぐらせ（d）、水にとってぬめりや血を洗う（e~f）。
2. 1のアラ、しょうが、分量の水を鍋に入れ、火にかける。沸騰したら弱火にし、15～20分煮る。煮汁を漉し、水（分量外）を足して1400 ccにする。
3. トマトは横半分に切って種を取り、それぞれ6等分する。細ねぎは青い部分と白い部分に分け、青い部分はざく切りに、白い部分は包丁の腹で叩いてからみじん切りにする。
4. 鍋にサラダ油、3の細ねぎの白い部分を入れて火にかけ、香りがたってきたらトマトを加えて炒める。2を加えて強火にし、沸騰したら火を弱めてアクをとる。約5分煮て、Aを加える。
5. 1の魚の身にBをからめて約5分おき、米粉をまぶす。170℃の油でカリッとするまで揚げ、さらに2度揚げする（g）。
6. ブンはもどしてゆで（P.30参照）、1人分ずつ器に盛る。4を温め、2の細ねぎの青い部分とせりを加えて火を止める。ブンに注ぎ、5とディルをのせる。黒こしょうをかける。サンチュ、空芯菜の茎、もやしを添え、好みで加えて食べる。

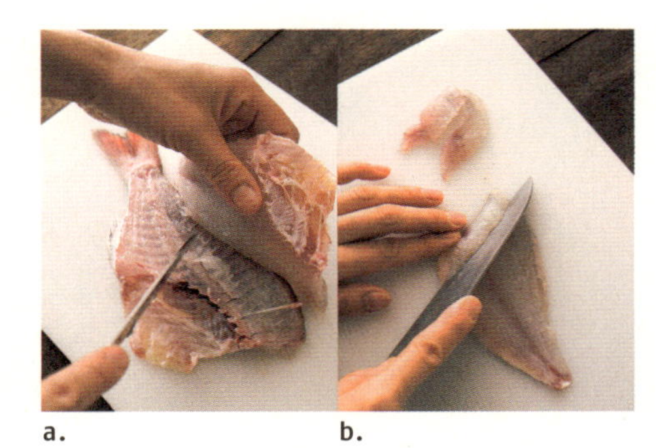

a.　b.

c.　d.

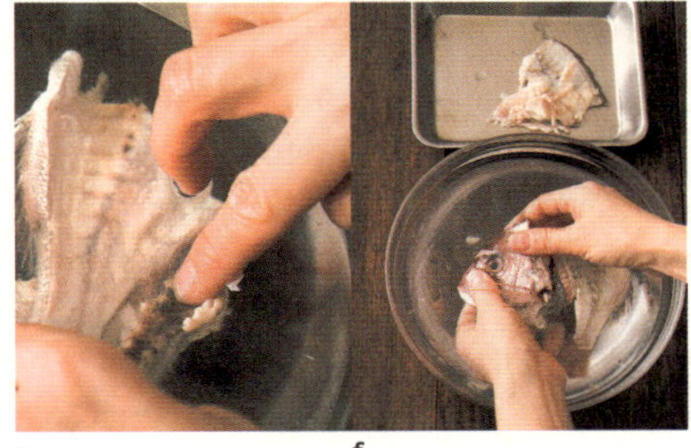

e.　f.

g.

POINT

北部の麺料理です。ここではたいを使いましたが、現地では淡水魚でつくります。揚げ魚は麺にのせてだす店もあれば、別皿にのせて添える店も。魚は二度揚げしてカリカリに仕上げます。

Phở gà
フォー ガー

鶏肉のフォー

足立由美子

骨付きの鶏肉でとった滋味深いだしをシンプルに味わうフォー

材料　2人分
スープ（つくりやすい分量）
- 骨付き鶏もも肉…2本（約500g）
- 鶏むね肉…1枚（約200g）
- しょうが（かたまり）…100～120g
- 長ねぎ…1本
- 水…3000cc

細ねぎ…1/4束
フォー（乾燥）…140g
スープ（上記）…800cc
ヌックマム…大さじ1と1/2
塩…小さじ2
黒こしょう、ホットチリソース、
赤唐辛子（斜め切り）、ライム…各適量

1 スープをとる。鶏肉はよく洗い、しょうがと長ねぎは、叩く（a）。すべて鍋に入れて分量の水を加え（b）、強火にかける。沸騰したら弱火にしてアクをとる。ふたをせずに弱火で15～20分煮る。途中、むね肉は火が通ったら取り出してゆで汁を少量かけ（c）、ラップをぴったりとかける（d）。骨付き鶏もも肉が浮いてきて約10分したら火を止める（肉はP.95「ゆで鶏」に使える）。煮汁を漉してスープとする。できあがりは約2400 cc。

2 鶏むね肉は、厚さ約5mmにスライスする。細ねぎは青い部分と白い部分に分け、青い部分は小口切りに、白い部分は長さ8cmに切る。

3 フォーをもどす（P.30参照）。

4 分量のスープを温め、ヌックマムと塩で味をととのえる。**2**の細ねぎの白い部分を加える。

5 もどしたフォーを1人分ずつ湯にくぐらせ、器に入れる（P.30参照）。**2**の鶏むね肉をのせ、**4**をかける。**2**の細ねぎの青い部分、黒こしょうをふる。ホットチリソース、赤唐辛子、ライムを添え、好みで加えて食べる。

a.　b.

c.　d.

POINT

ねぎだけでシンプルに食べる北部スタイルの鶏肉のフォーです。このレシピでは、手軽に味わい深いだしをとるため、鶏は骨付きもも肉と胸肉を使い、香味野菜は長ねぎとしょうがを使って、味と香りがでるよう、麺棒で叩くことにしました。だしをとり終わったあとのもも肉には、まだじゅうぶん旨みが残っているので、フォーの具にしてもよいですし、ゆで鶏（P.95）のたれを添え、つまみにしてもよいです。

Mì Quảng gà
ミー クァン ガー

鶏ミークァン

伊藤 忍

コクのある汁を多めにかける、食べごたえのある
あえ麺。レモンを搾って、さっぱりと食べる

a.　b.

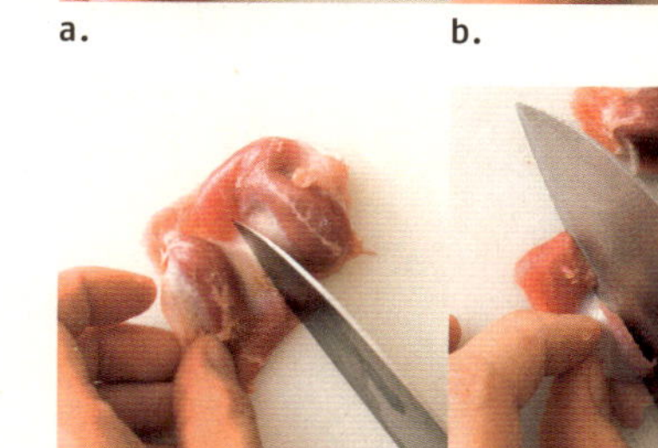

c.　d.

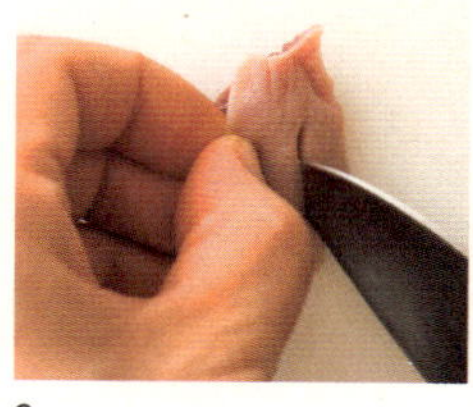

e.

材料　2人分
センヤイ（P.29）…180 g
鶏手羽先…200 g
砂肝…3～4個
A
ヌックマム…大さじ1/2
グラニュー糖…大さじ1/2
塩…小さじ1/4
黒こしょう…少量
トマト…中1/2個
サラダ油…大さじ2
にんにく（みじん切り）…1片分
しょうが（みじん切り）…1片分
赤わけぎ（みじん切り）…2個
ターメリックパウダー、パプリカパウダー…各小さじ1/2
水…400cc
玉ねぎ（くし形切り）…1/6個分
ゆで卵…2個
B
ヌックマム…大さじ2～3
黒こしょう…少量
塩、グラニュー糖…各適量
生野菜とハーブ（サンチュ、つまみ菜、もやし、スペアミント）…各適量
細ねぎの青い部分（小口切り）…2本分
香菜（きざむ）…適量
ピーナッツ（粗くくだく）…適量
ごま入りライスペーパー（焼く）…適量
卓上調味料（ヌックマム、ライムのくし形切り、青唐辛子）…適量

青唐辛子は切ってスープにさすと、スープに辛みがつく。

POINT

ホイアンがある中部クァンナム省の麺料理です。麺は黄色く着色したものと白いものがあります。製麺方法はフォーと同様ですが、より厚みがあり、きしめんに近い食感です。具材は牛、鶏、豚のほか、えびや田うなぎをはじめとしたあらゆる魚介が用いられ、店や家庭の数だけスタイルがあるといわれます。店では、具材とスープは別々に仕込むこともありますが、ここでは、具材を煮た汁をスープに使う、より手軽な家庭でのつくり方をご紹介します。

1. センヤイはもどす（P.30参照）。
2. 鶏手羽先は関節のところで半分に切り（a）、さらに手羽中を縦半割りにする（b）。砂肝は半分に切って白い筋を切り落とし（c~d）、真ん中に切り込みを入れる（e）。手羽先と砂肝をあわせてAをもみこみ、約30分おく。
3. トマトは種を取り除いてざく切りにする。
4. 鍋にサラダ油、にんにく、しょうが、赤わけぎを入れて炒める。香りがたってきたら**3**を加えてさらに炒める。
5. **2**の鶏手羽先を漬けだれごと加える。表面の色が変わったら、ターメリックパウダーとパプリカパウダーを加え混ぜる。
6. 分量の水を注ぎ、玉ねぎを加える。沸騰したら弱火にしてアクをとり、約15～20分煮る。ゆで卵を加えてさらに約5分煮て、Bを加える。
7. 生野菜とハーブは食べやすい大きさに切り、盛りあわせる。
8. センヤイを1人分ずつ湯にくぐらせ（P.30参照）、器に盛る。**6**のスープと具材を加え、細ねぎ、香菜、ピーナッツをのせる。**7**、ごま入りライスペーパー、卓上調味料を添え、好みで加えて食べる。

Phở tôm

えびフォー

レシピ⇒ p.42

鈴木珠美

Phở nghêu

あさりフォー

レシピ⇒ p.42

鈴木珠美

Hủ tiếu nước Nam Vang

南旺風フーティウ 汁麺

レシピ⇒ p.43

伊藤 忍

Hủ tiếu khô Nam Vang

南旺風フーティウ あえ麺

レシピ⇒ p.44

伊藤 忍

Phở tôm

フォートム

えびフォー

鈴木珠美

えびみそが溶け出した濃厚でコクのあるスープのフォー。ハーブをたっぷり入れてさっぱりと

材料 4人分
有頭えび…20尾
にんにく（みじん切り）…大さじ1
米油…大さじ1
水…1000cc
ヌックマム…大さじ3
塩…小さじ1
フォー（乾燥）…300g
細ねぎ（小口切り）…1/4束分
赤玉ねぎ（薄切り）…1/2個分
ハーブ（香菜、スペアミント、オリエンタルバジル）、ホットチリソース、ライム…各適量

1 有頭えびは頭をはずし、尾を残して殻をむく。背に切りこみを入れ、背わたをとる。頭は取っておく。
2 鍋ににんにくと米油を入れて中火にかける。香りがたってきたら、えびの頭を入れ、木ベラでつぶしてみそを出しながら炒め、完全に火を入れる。
3 こうばしい香りがたち、えびの頭が赤くなったら水を注ぐ。沸いたらアクをとり、ヌックマムと塩で味つけする。漉して再沸騰させ、1のえびを入れる。えびに火が通ったら火を止める。
4 フォーはもどし、熱湯にくぐらせて器に盛る（P.30参照）。3を注ぎ、細ねぎと赤玉ねぎをのせる。好みでハーブとホットチリソースを加え、ライムを搾って食べる。

POINT

新しいもの好きの南部で最近見かけるようになったフォーです。新しくて面白い料理は南部から広がることが多いように思います。えびの頭はしっかり炒めて、こうばしい味わいにします。

Phở nghêu

フォーゲウ

あさりフォー

鈴木珠美

あさりの旨みたっぷりのだしでつくるフォー。貝類は手軽に短時間で濃厚なスープがとれる

材料 4人分
にんにく（みじん切り）…大さじ1
米油…大さじ1
あさり（殻付き）*…500g
水…1000cc
ヌックマム…大さじ3
塩…小さじ1
フォー（乾燥）…300g
細ねぎ（小口切り）…1/4束分
赤玉ねぎ（薄切り）…1/2個分
ハーブ（香菜、スペアミント、オリエンタルバジル）、ホットチリソース、ライム…各適量

＊：砂抜きし、殻どうしをこすりあわせて洗っておく。

1 鍋ににんにくと米油を入れて炒める。にんにくがこんがりとして香りがたってきたら、あさりを加える。
2 あさりの殻に油がまわったら分量の水を加える。あさりの口が開いたらアクをとる。ヌックマムと塩で味つけする。
3 フォーはもどし、熱湯にくぐらせて器に盛る（P.30参照）。2を注ぎ、細ねぎと赤玉ねぎをのせる。好みでハーブとホットチリソースを加え、ライムを搾って食べる。

POINT

フォーというと以前は牛と鶏しかなかったのですが、最近では南部ではまぐりのフォー屋をみかけるようになりました。このレシピでははまぐりよりも手に入りやすいあさりを使いました。

Hủ tiếu nước Nam Vang

フー ティウ ヌック ナム ヤン

南旺風フーティウ 汁麺

伊藤 忍

豚、いか、干しえびなどでだしをとり、豚レバーとひき肉、えびをのせる具だくさんの麺

材料　2人分
するめ…長さ10cm分
水…1000cc
干しえび…10g
玉ねぎ…1/4個
干し大根*…5g
豚肩ロース肉（かたまり）…100g
豚赤身ひき肉…80g
えび…4尾
豚レバー…100g
センレック（P.29）…140g
A
- ヌックマム…大さじ1
- 塩…約小さじ1
- グラニュー糖…小さじ1

うずらのゆで卵…4個
細ねぎ（小口切り）、フライドオニオン、黒こしょう…各適量
生野菜（もやし、にら、春菊、サラダ菜）…各適量
ベトナムライム（P.147）、赤唐辛子…各適量

＊：本来は干してから塩漬けにし、発酵させた大根を使う。同様の甘みと旨みがでるため、ここでは干し大根で代用する。

1　するめは直火で軽くあぶり（a）、さっと水洗いして焦げを落とす（b）。鍋に水、干しえびとともに入れ、一晩おく。

2　玉ねぎは直火か焼き網の上で甘い香りがしてくるまで焼き（c）、さっと水洗いして焦げを落とす（d）。

3　**1**の鍋に**2**、干し大根、豚肩ロース肉を入れ（e）、沸かす。火を弱めてアクをとり、30分煮る。煮汁はスープとし、豚肉は取り出して薄切りにする。

4　小鍋に豚赤身ひき肉を入れ、**3**のスープをひたひたに注ぐ。沸かしてアクをとり、弱火にする。ひき肉に火が通ったら火からおろし、冷ます（f）。ザルで肉とゆで汁に分け、ゆで汁は**3**の鍋に加える。

5　えびは背わたを取って鍋に入れ、ひたひたの水でゆでる。火が通ったらゆで汁に浸したまま冷まし（g）、尾を残して殻をむく。

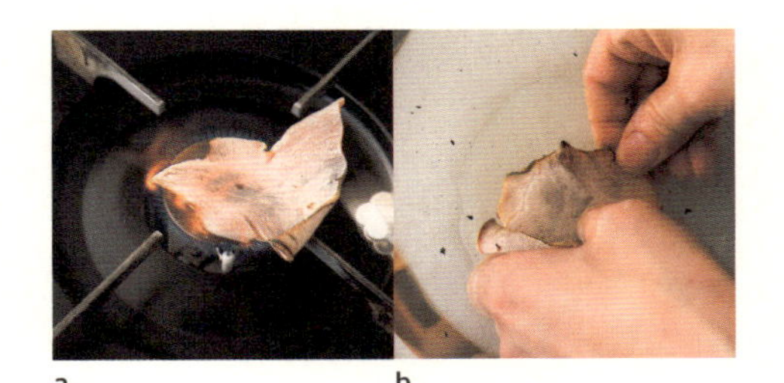

a.　b.

c.　d.

e.　f.

g.　h.

6　小鍋に湯を沸かし、酢大さじ1（各分量外）と豚レバーを加える。レバーに火が通ったら取り出し、水で洗ってぬめりをとる（h）。水気を拭き、薄切りにする。

7　センレックはもどしておき、1人分ずつ熱湯にくぐらせて器に盛る（P.30参照）。

8　鍋に**3**のスープ800ccを漉し入れ、Aを加える。**7**に注ぎ、うずらのゆで卵、**3**の豚肩ロース肉、**4**のひき肉、**5**のえび、**6**のレバーをのせる。細ねぎ、フライドオニオン、黒こしょうをふり、食べやすく切った生野菜、ベトナムライム、赤唐辛子を添え、好みで加えて食べる。

Hủ tiếu khô Nam Vang
フーティウ コーナム ヤン

南旺風フーティウ あえ麺

伊藤 忍

汁麺と同じ具材でつくるあえ麺。麺を甘じょっぱいたれであえ、具材をのせてつくる

材料 2人分

A
- シーズニングソース…小さじ4
- スイートソイソース *1…小さじ2
- オイスターソース…小さじ2
- サラダ油…小さじ2
- グラニュー糖…小さじ2

センレック（P.29）…140g
具材 *2…適量
細ねぎ（小口切り）、フライドオニオン、黒こしょう…各適量
生野菜（もやし、にら、春菊、サラダ菜）…各適量
ライム、赤唐辛子（斜め切り）…各適量

＊1：日本ではタイのシーユーダムが入手可能。シーユーダムには甘口のワンと辛口のケムの2種類があり、このレシピにはワンを使う。
＊2：南旺風フーティウ 汁なし麺（P.43）の豚肩ロース肉、豚ひき肉、えび、豚レバーを使う。

1 器にAを半量ずつ入れ、混ぜておく。
2 センレックをもどしておき、1人分ずつ熱湯にくぐらせる（P.30参照）。1の器に盛る（a）。
3 手早く和える（b）。具材、細ねぎ、フライドオニオンをのせ、黒こしょうをふる。生野菜、ライム、赤唐辛子を添え、好みで加えて食べる。

a. b.

POINT

広東省潮州出身の華人が東南アジア各地に伝えた「粿條（クェティオウ）」という米麺があります。ベトナムには南部に伝わり、フーティウと呼ばれるようになりました。フーティウを使う麺料理には、だしの材料、スープやあえだれの味つけにさまざまなバリエーションがあります。ここでご紹介したのは、カンボジアのプノンペンが南旺（なんおう）とよばれていた時代に、南旺からベトナムに移住した華人によって持ちこまれたスタイルで、ベトナム南部では非常にポピュラーなつくり方です。
フーティウ専門店では汁麺とあえ麺の両方が食べられます。

Bún riêu cua

ブン ズィウ クア

ブンズィウクア（かに汁麺）

伊藤 忍

ペーストにしたかにでだしをとる。かにの濃厚な旨みを味わう北部の代表的な汁麺

材料 2人分
ソフトシェルクラブ（冷凍）…250〜300g
水…300+300+300cc
塩…小さじ1
干しえび…大さじ2
細ねぎ…2〜3本
トマト…中1個
サラダ油…大さじ1
A
　ヌックマム…大さじ1前後
　酢…大さじ1/2
　塩…適量
　グラニュー糖…小さじ1/2前後
　マムトム…小さじ1前後
　黒こしょう…少量
厚揚げ…1枚
揚げ油…適量
ブン（乾麺）…160 g
大葉（太めのせん切り）、空心菜の茎（さく）、もやし（ひげ根を取る）…各適量
赤唐辛子（斜め切り）、マムトム…各適量

a.　b.

c.　d.

e.　f.

マム トム（mắm tôm）はえびの発酵調味料（左）。日本では手に入りにくいので、中国の蝦醤（えびみそ・右上）やタイのカピ（右下）で代用可能。

1 ソフトシェルクラブは冷蔵庫で解凍する。甲羅をめくってガニ（えら）を取りのぞき（a）、腹側の甲羅も取りのぞく（b）。半分に切る。フードプロセッサーにかけて細かくする（c）。

2 **1**をボウルに入れ、水300ccを混ぜて溶く（d）。鍋にザルで漉し入れる。ザルに残ったものをボウルに戻し、さらに水300ccを加えて混ぜる。同じ鍋に漉し入れる。

3 **2**に塩と水300 ccを混ぜ、弱火にかける。沸騰して身が浮いてきたら、火を弱めて2〜3分煮る。火を止め、穴あきお玉などで浮いた身を取り出してザルにのせる（e）。お玉の背などで汁気を絞る（f）。絞った汁は鍋に戻す。

4 干しえびはさっと洗い、ひたひたの熱湯（分量外）に約10分浸す。えびともどし汁にわける。細ねぎは、青い部分と白い部分にわけ、青い部分は小口切りに、白い部分は包丁の腹で叩いて香りをだしてからみじん切りにする。トマトは横半分に切って種を取り、それぞれ6等分する。

5 フライパンにサラダ油、**4**の干しえびと細ねぎの白い部分を入れて火にかける。香りがたってきたら、**4**のトマトを加えて炒めあわせる。**4**のもどし汁とともに**3**の鍋に加えて火にかける。沸騰したら火を弱めてアクをとり、約10分煮て、Aを加える。

6 厚揚げは一口大に切り、カリッとするまで揚げる。

7 ブンはゆで（P.30参照）、食べやすい長さに切って1人分ずつ器に入れる。**3**のかにの身、**4**の細ねぎの青い部分、**6**をのせ、**5**のスープを注ぐ。大葉、空心菜の茎、もやし、赤唐辛子、マムトムを添え、好みで加えて食べる。

POINT

北部を代表する麺料理です。現地では、田がにを殻ごとすりつぶしてペースト状にしたものが売られていて、それを使ってつくります。

Miến xào cua

ミィエン サオ クア

かにの春雨炒め

足立由美子

春雨が鶏のスープとかにのうまみをたっぷりふくむ。こしょうはピリッと感じるくらいたっぷりと

材料　2～3人分
緑豆春雨（乾燥）…100g
かに（むき身）…100g
サラダ油…大さじ2
にんにく（みじん切り）…大さじ1
鶏肉のフォーのスープ（P.36）…400cc
ヌックマム…大さじ2
グラニュー糖…小さじ2
細ねぎ（小口切り）…大さじ2
黒こしょう…小さじ1/2
香菜…適量

1. 緑豆春雨は食べやすい長さに切り、15～20分水につけてもどす。かにはほぐしておく。
2. フライパンにサラダ油とにんにくを入れて火にかける。香りがたってきたら、かにを加えて炒め、取り出す。
3. **2**のフライパンに鶏肉のフォーのスープを入れて煮立て、ヌックマム、グラニュー糖を加える。もどした春雨を入れ、スープを吸わせるように炒める。汁気がなくなったら**2**を戻し入れる。
4. 細ねぎ、黒こしょうを加えてひと混ぜし、器に盛る。香菜をのせる。

POINT

A

海鮮料理の専門店で食べられます。かにがたっぷり入っていて、ぜいたくな気分になります。卵を加えて炒める店もあります。

ベトナムのおいしいお米、いろいろ

鈴木珠美

北部でとれる特別な香り米

ベトナムは世界でも指折りの米の輸出国です。南部にはメコンデルタ、北部には紅河デルタと肥沃な米の産地を南北に持つため、ベトナムの人は自国を、米で満ちた２つのかごをさげた天秤棒にたとえます。

栽培されている米はいずれもインディカ米で、うるち米ももち米もあり、白米のほか、黒米、赤米、青米などもあります。中でもベトナム北部ハー ナム省（Hà Nam）で収穫される「ガオ タム コー ンゴン（Gạo Tám Cổ Ngỗng）」と「ガオ タム ソアン（Gạo Tám Xoan）という香り米は、日本でいうとこしひかりやささにしきのようなブランド品種です。日本のお米が品種によって味わいがちがうように、これらの香り米も品種によって香りがちがいます。

香り米の栽培に適した土地は土に砂が混じっておらず、水はけがよく、大きな川の近くであること。ガオ タム コー ンゴンは旧正月や家族の命日など特別な日に食べるもっとも貴重なお米。昔は都でしか売られていなかったそうです。ガオ タム ソアンはガオ タム コー ンゴンよりも粒が小さく、特別な来客のおもてなしやお土産用に使われたといいます。

香り米は、お米の香りを楽しむもの。よって、香りの強い野菜や調味料、漬物などと一緒に食べることは禁物。カー コー トー（P.89）やテップ（Tép）というえびのつくだ煮、一番絞りのヌックマムで炒めたかにの卵などがおかずとしては抜群によくあいます。

秋を感じさせる緑米の「コム」

ハノイの秋の名物にブオン村（Vòng）の女性が天秤棒で売りにくる「コム（Cốm）」があります。コムはもち米の稲穂を若いうちに収穫してつくります。収穫した稲穂は水に入れ、浮いてきたものは米が育っていないので取り除き、沈んだものだけを使います。大鍋で煎りながら脱穀し、もみ殻を取り除くと、色あざやかな緑色のコムができあがります。かつてのハノイでは、結婚式シーズンの９月になると、新郎がブオン村のおいしいコムを新婦の家族に送ったそうです。

コムはそのままつまんで食べるほか、バナナにつけて食べたり、豚肉と一緒に炒めたり、チェーやおこわにしたりします。ハノイの秋を感じさせる食べものです。

素焼きの土鍋で炊く「コム ニュウ」

わたしが大好きなベトナムのごはんに「コム ニュウ（Cơm niêu）」があります。素焼きの土鍋に米と水を入れ、オーブンで炊いてつくります。炊き上がったらふたをはずし、ふたたびオーブンに入れてごはんの表面におこげをつくります。おいしいコム ニュウは表面にチャイ（cháy）と呼ばれる薄くてこうばしいおこげができ、米の１粒１粒が立っています。知りあいのコム ニュウづくり名人のタンさんはよく言います。「コム ニュウはベトナムの伝統的なごはん。わらぶき屋根の土間に竹のござをひいて、ランプをともして、みんなで車座になって食べるのが最高だよ！」

コム ニュウには、カー コー トー（P.89）やテップ（上記）、煎ったごまとくだいたピーナッツを塩と混ぜたムイ ブン（Muối vừng）をあわせるのが伝統的な食べ方です。

Bánh mì

バインミーはサンドイッチのこと
じゃなくて、パンという意味

バインミーに使うパン

ベトナムのフランスパンは皮が薄くてパリッとしていて、中はスカスカの軽い食感です。より現地の味にちかづけるには、昔ながらの町のパン屋さんのパン（写真左）か、スーパーで売っている大手製パンメーカーのフランスパン（写真右）がおすすめです。食べる直前に軽く温めて皮をパリッとさせ、具材をはさんですぐに食べましょう。

はじめてベトナムに行ったとき、バインミーのサンドイッチを必ず食べたいと思っていました。でも、屋台のバインミー屋は出没する時間も場所もさまざま。結局滞在最終日まで見つけることができなくて……。ホーチミンのベンタイン市場の雑貨店の売り子さんにそう言ったら、隣の麺屋で食べられるよ、と。麺屋でサンドイッチ？と思いながらも行ってみると、フランスパンが置いてあって、指をさしたらつくってくれました。スカスカのパンに、シウマイという肉団子をつぶしてぬり、ねぎとベトナム醤油をちょっとふっただけの簡単なものだったのに、あまりにもおいしくて、その瞬間に、絶対またこの国に来ようと思いました。ベトナムに通ううちに、蒸しバインミー（P.50）など、サンドイッチだけではないバインミーの奥深い世界を知るように。行くたびに新しいバインミーとの出会いがあり、そのたびにワクワクします。

日本ではバインミーというとサンドイッチのことだと思っている方も多いのですが、実は「パン」という意味。私が好きなのは注文するとその場で目玉焼きをつくってパンにはさんでくれるバインミー。目玉焼きはベトナム語で「オップラー」といいます。フランス語で目玉焼きを意味するウフ オ プラに由来する料理名です。これなどは、パンを食べる文化がフランス統治時代の置き土産であることを、特に強く感じさせる料理だといえます。

ベトナムでは、白いごはんにもあうおかずを軽い食感のフランスパンにはさんでサンドイッチにします。おいしい屋台にはいつも長蛇の列が。サンドイッチ以外にも北部ハノイの路上焼き鳥屋には、つぶしてはちみつに浸したパンを炭火であぶる「バインミーヌン（焼きバインミー）」（P.132）があったり、烏骨鶏の漢方スープには揚げたバインミーが添えられていたりと、サンドイッチ以外にも使われます。わたしはいつかベトナムで焼きそばバインミーととんかつバインミーの店を出すのが夢です（笑）。

Bánh mì hấp
バイン ミー ハップ

蒸しバインミー

足立由美子

蒸したフランスパンをえびとひき肉のそぼろ、なます、ハーブなどとともに葉野菜に巻いて食べる

材料　4人分
むきえび（小）…100g
サラダ油…大さじ2
にんにく（みじん切り）…2片分
豚ひき肉…180g
A
- グラニュー糖…小さじ2と1/3
- ヌックマム…大さじ1
- シーズニングソース…小さじ2
- 黒こしょう…少量

B
- 片栗粉…小さじ2
- 水…小さじ4

ピーナッツ（きざむ）…適量
たれ
- グラニュー糖…大さじ6
- 湯…180cc
- ヌックマム…大さじ4
- にんにく（みじん切り）…大さじ1と1/2
- 赤唐辛子（みじん切り）…適量

フランスパン（約20cmの長さのもの）…2本
ねぎ油（P.151）…大さじ2
葉野菜とハーブ（サニーレタス、大葉、スペアミント、オリエンタルバジル、香菜）…適量
青パパイヤとにんじんのなます（P.151）…適量

a.　b.

1 むきえびは細かく叩く。フライパンにサラダ油を熱し、にんにくを炒める。香りがたってきたら、豚ひき肉と叩いたえびを加える。色が変わったらAを加え混ぜる。Bを混ぜてから加え、とろみをつける。器に盛り、ピーナッツをふる。
2 たれの材料を混ぜ、1人分ずつ器に盛る。葉野菜とハーブは食べやすい大きさに切り、器に盛る。
3 フランスパンは1～2cmの厚さの輪切りにして、蒸気のあがった蒸し器に入れて約5分蒸す（a）。パンがやわらかくなったら蒸し器から取り出し、ねぎ油をぬって皿に盛る。
4 サニーレタスに**3**と**1**をのせる。大葉、スペアミント、バジル、香菜、なますをのせて巻き、たれをつけて食べる（b）。

POINT

かたくなったフランスパンをおいしく食べるための工夫としてつくられるようになりました。家庭でつくられることが多く、朝食や小腹がすいたときに食べるおやつです。

Bánh mì cà ri
バイン ミー カ リー

バインミー カリー

鈴木珠美

ベトナムのカレーはさつまいも入り。ココナッツミルクを使った甘めでさらさらのカレー

a. b.

c.

POINT

南部の料理です。タイカレーのようにココナッツミルクを使います。あまり辛くないので、子どもでも食べられます。ベトナムではカレーといえばパンかブンと食べるもので、ごはんとともに食べることはあまりありません。さつまいもは揚げてからのせて、カリカリのほくほくに、玉ねぎはさっと煮るにとどめてしゃきしゃきに仕上げましょう。鶏肉は、塩こしょうライムのたれにつけて食べます。カレーにライムを搾り入れるとさわやかな風味が加わります。辛いのが好きな方は、粗びき黒こしょうや生の赤唐辛子を加えてください。

材料　4人分

鶏もも肉…300g

A
- カレー粉…大さじ1
- 塩…小さじ1/2
- にんにく（みじん切り）…大さじ1
- 赤玉ねぎ（みじん切り）…30g

さつまいも…1本（350g）

揚げ油…適量

B
- 米油…大さじ2
- レモングラス（みじん切り）…40g
- 赤玉ねぎ（みじん切り）…30g
- にんにく（みじん切り）…大さじ1

C
- ココナッツミルク…800cc
- 水…400cc
- カレー粉…大さじ2
- ローリエ…3枚
- ヌックマム…大さじ2と1/2
- グラニュー糖…大さじ2

玉ねぎ…1/2個

塩こしょうライムだれ
- 塩…適量
- 黒こしょう…適量
- ライム…適量

赤唐辛子（みじん切り）…適量

フランスパン（長さ約13cm）…4本

1. 鶏もも肉は一口大に切る。Aをもみこみ、15分おく。
2. さつまいもは乱切りにし、水にさらす。水気をきり、160℃の油で揚げる。
3. フライパンにBを入れて炒める。香りがたってきたら**1**を加えて炒める。
4. 鶏肉の表面の色が変わったらCを加え、中火で煮込む。
5. 鶏肉に火が通ったら、**2**と玉ねぎを加え、玉ねぎにしゃきしゃき感が残る程度にさっと煮る。器に盛り、フランスパンを添える。
6. 卓上で塩こしょうライムだれをつくる。塩こしょうを小皿に盛り、ライムを搾りかける（a）。ライムで混ぜる（b）。
7. 塩こしょうライムだれに好みで赤唐辛子を入れ、具材をつけて食べる（c）。

Bánh mì thịt bò nướng sả
バイン ミー ティット ボー ヌン サー

レモングラス漬け牛肉焼きバインミー

鈴木珠美

レモングラス入りのたれに漬けた牛肉をレモングラスに巻き、香りよく焼き上げる

材料 2人分
レモングラス…2〜3本
A
- にんにく(みじん切り)…小さじ1/4
- 赤玉ねぎ(みじん切り)…10g
- レモングラス(みじん切り)…10g
- ヌックマム…小さじ1
- シーズニングソース…小さじ1/2
- グラニュー糖…小さじ1/2
- オイスターソース…小さじ1
- ごま油…小さじ1/2
- 黒こしょう…少量

牛ロース薄切り肉…100g
フランスパン(長さ13cm)…2本
B
- 大根とニンジンのヌックチャム漬け(P.151)…適量
- きゅうり、大葉、香菜、スペアミント…各適量(すべて食べやすく切る)
- シーズニングソース、ホットチリソース…各適量

無塩バター…適量

1. レモングラスはかたい根本を約1cmくらい切り落とす(a)。1枚ずつはがす(b)。
2. Aを混ぜ合わせ、牛肉を20分漬ける。**1**のレモングラスに巻きつけ(c)、ぎゅっとにぎる(d~e)。
3. テフロン加工のフライパンに入れ、中火にかける。表面がこんがりするまで返しながら焼く。
4. フランスパンを焼き、**3**とBを添える。フランスパンを横半分に切り、断面にバターをぬる。**3**とBをはさんで食べる(f~g)。

a. b.

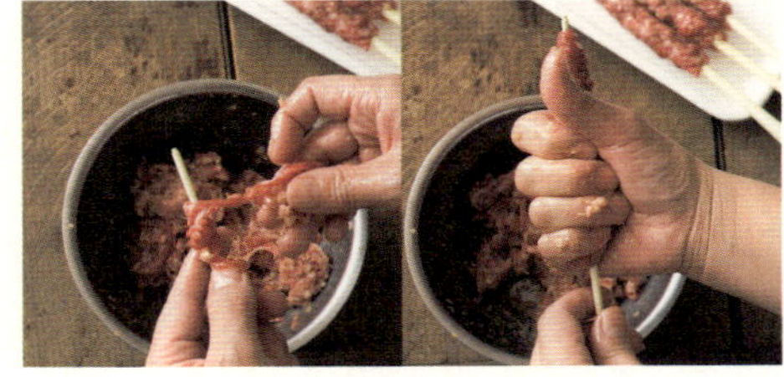
c. d.

e. f.

g.

POINT

ホーチミンでは路上で竹串に牛肉やつくねなどを刺して炭火でこうばしく焼いた肉をはさんだバイン ミーの店があります。見かけるとつい買ってしまう、わたしの大好きなバイン ミーです。ここでは牛薄切り肉を使いましたが、豚ひき肉やあいびき肉でつくるのもおすすめ。その場合はAの調味料をひき肉に混ぜ、レモングラスを芯にして細長いつくね状に成形。フライパンで同様に焼いてください。

Bánh mì patê gà

バイン ミー パテ ガー

鶏レバーパテ バインミー

伊藤 忍

レバーパテはバイン ミーの定番の具材。パンにぬる前によく練るとクリーミーな口あたりに

材料　2人分
鶏レバーパテ（右ページ）
…できあがりの1/4量
有塩バター…大さじ3〜4
フランスパン（長さ35cm・半分に切る）…1本分
きゅうり（半分の長さに切って薄切りにする）…1/2本分
南部風のなます
…P.151掲載のできあがりの半量
細ねぎ（青い部分）…4本分
香菜（ざく切り）…適量
シーズニングソース、黒こしょう
…各適量

1 レバーパテは室温にもどし、ふんわりするまでよく練る（a）。バターも同様にする。

2 フランスパンは表面がパリッとするまで焼く。横から切りこみを入れる。

3 **2**の切りこみの両面に**1**のバターを1人分ぬり、下側だけにレバーパテ1人分をぬる。

4 きゅうり、汁気をきったなます、細ねぎ、香菜を1人分ずつのせ、シーズニングソースと黒こしょうをふる。

Patê gan gà
パテ ガン ガー

鶏レバーパテ

材料　つくりやすい分量
鶏レバー…200g
有塩バター…大さじ1
にんにく（みじん切り）…1片分
玉ねぎ（みじん切り）…100g
ブランデー…大さじ1
豚ばら薄切り肉（ざく切り）…200g
溶き卵…1/2個分
A
ヌックマム…小さじ1
塩…小さじ1
グラニュー糖…小さじ1
黒こしょう…小さじ1/2
ナツメッグパウダー…少量

1 レバーは厚みが半分になるようにそぎ切りし、水にさらして竹串などで血のかたまりを取り除く。水気をしっかり拭く。

2 フライパンを熱してバター半量を溶かし、にんにくを炒める。香りがたってきたら、玉ねぎを入れてしんなりするまで炒めて甘みをだす。取り出して冷ます。

3 **2**のフライパンに残りのバターを溶かし、**1**のレバーの半量を入れて強火で表面のみを焼く。こんがりと焼けたらブランデーをふり（b）、アルコール分を飛ばす。取り出して粗熱をとる。

4 フードプロセッサーに、**3**、生のレバー、豚ばら肉を入れ（c）、回す。ふわっとしてなめらかな状態になったら（d）、**2**、溶き卵、Aを加え、さらに回す（e）。

5 バットにバター（分量外）をぬって**4**を移し、ヘラなどで表面を平らにならす（f）。アルミホイルをかぶせ、蒸気のあがった蒸し器で約20〜30分蒸す。竹串を刺してみて、透明な汁が出れば中まで火が通っている（g）。取り出し、アルミホイルをかぶせたまま粗熱をとる。冷蔵庫で3時間以上冷やす。

a.　b.

c.　d.

e.　f.

g.

POINT

レバーパテは店では豚レバー、赤身、背脂でつくるのが一般的ですが、家庭ではより高価ではあるものの臭みが少なくて食べやすい鶏レバーでつくることも。鶏レバーに鶏肉をあわせてつくるとあっさりとしたパテになります。このレシピでは旨みの感じられる仕上がりにするために豚肉をあわせ、赤身と背脂の代わりに、手に入りやすい豚ばら肉を使っています。脂の割合は少なくなりますが、しっかりとした味わいに。豚ばら肉は赤身と脂の割合が半々ぐらいか、やや脂が多いものを選んでください。
バインミーはパンを焼いたらすぐにつくって食べるのがおすすめ。好みで赤唐辛子やホットチリソースを足してもおいしいです。

Bánh mì
trứng chiên cà chua thì là

ディルとトマトの卵焼き入りバインミー

レシピ⇒P.60

足立由美子

Bánh mì
chả cá

さつま揚げのバインミー

レシピ⇒P.60

足立由美子

Bánh mì gà sốt me

タマリンドチキン バインミー

レシピ⇒ P.61

伊藤 忍

Bánh mì thịt chiên xù

ベトナミーズとんかつ バインミー

レシピ⇒ P.61

鈴木珠美

Bánh mì trứng chiên cà chua thì là
バイン ミー チュン チン カー チュア ティー ラ

ディルとトマトの卵焼き入りバインミー

足立由美子

卵焼きやオムレツは定番の具材。ディルとトマトを入れてさわやかな味わいに

材料　4本分
卵…4個
A
- ヌックマム…小さじ2
- グラニュー糖…小さじ1
- 黒こしょう…少量

トマト（種を除いてざく切り）…1個分
ディル…1/2パック分
サラダ油…大さじ3
フランスパン（長さ16～20cmのもの）…4本
マーガリン…大さじ4
大根とにんじんのなます（P.151）…120g
ホットチリソース、黒こしょう、香菜…各適量

1 ボウルに卵を割りほぐしてよくかき混ぜ、Aを混ぜる。トマトとディルも加えて混ぜる。
2 小さめのフライパンにサラダ油を熱し、1を入れて大きくかき混ぜる。かたまってきたら、皿やふたなどを使って裏返し、反対側も焼く。冷まして8等分に切る。
3 フランスパンを温め、横から切り込みを入れ、両面にマーガリンをぬる。2を2切れずつはさむ。汁気をきったなますをのせ、ホットチリソースと黒こしょうをふる。香菜をのせる。

Bánh mì chả cá
バイン ミー チャー カー

さつま揚げのバインミー

足立由美子

白身魚のすり身にディルを混ぜてつくるお手軽自家製さつま揚げ。表面はカリっ、中はぷりっ

材料　4本分
さつま揚げ
- 白身魚のすり身…250g
- ディル（長さ1cmに切る）…1/2パック分
- 細ねぎの白い部分（みじん切り）…4本分
- しょうが（みじん切り）…3g
- 酒…大さじ1/2
- 黒こしょう…小さじ1/2
- 片栗粉…大さじ1と1/2

サラダ油…適量
フランスパン（長さ16～20cmのもの）…4本
マーガリン…大さじ4強
青パパイヤとにんじんのなます（P.151）…120g
シーズニングソース、黒こしょう、香菜、赤唐辛子（輪切り）…各適量

1 さつま揚げをつくる。ボウルに材料を入れ、よく混ぜる。4等分し、手にサラダ油をつけて平らに丸く形をととのえる。フライパンに多めの油を温め、揚げ焼きにする（a）。
2 1の油をきり、約1cm幅に切る。
3 フランスパンを温め、横から切り込みを入れて両面にマーガリンをぬる。さつま揚げをはさみ、汁気をきったなますをのせる。シーズニングソースと黒こしょうをふり、香菜をのせる。好みで赤唐辛子ものせる。

a.

Bánh mì gà sốt me
バイン ミー ガー ソット メー

タマリンドチキン バインミー

伊藤 忍

タマリンドの甘酸っぱいソースが鶏肉にからむ。しゃきしゃきの玉ねぎをあわせてさっぱりと

材料 2人分
鶏もも肉(ゆでたもの)…1枚(生で約250g)
A
- ヌックマム…小さじ1
- 黒こしょう…少量

タマリンド…60g
湯…120cc
玉ねぎ(薄切り)…1/4個分
有塩バター…大さじ3
サラダ油…大さじ2
にんにく(みじん切り)…1片分
B
- グラニュー糖*…約大さじ4
- トマトケチャップ…大さじ1
- ヌックマム…小さじ2

フランスパン(長さ35cm)…1本
香菜(ざく切り)、ホットチリソース…各適量

*:タマリンドの酸味の強さにあわせて量を調整する。

1 鶏肉は小指くらいの太さにさき、Aをまぶして下味を付ける。
2 タマリンドは分量の湯に浸してふやかす。冷めたら手でもんで果肉や皮と種をほぐし、目の粗いザルで漉してペースト状にする。玉ねぎは水にさらし、水気をしっかり拭く。バターは室温にもどし、よく練る。
3 フライパンにサラダ油とにんにくを入れて熱し、香りがたってきたら**1**を炒め、いったん取り出す。
4 **3**のフライパンに**2**のタマリンドを加え、とろみが出るまで熱する。Bを加える。**3**を戻し入れ、ソースをよくからめる。
5 フランスパンは半分の長さに切り、皮がパリッとするまで焼く。横から切り込みを入れ、両面に**2**のバターを塗る。**4**、**2**の玉ねぎ、香菜をはさむ。好みでホットチリソースをかける。

POINT

タマリンドのソースで鶏肉、かに、えびなどを炒める料理をバインミーにアレンジした、わたしのオリジナルレシピです。ベトナム在住時代に勤務先のカフェでだしていました。

Bánh mì thịt chiên xù
バイン ミー ティット チン スー

ベトナミーズとんかつバインミー

鈴木珠美

香菜などを加えたたれで豚肉に下味をつけ、黒ごま入りの衣をつけてとんかつに

材料 1人分
A
- にんにく(みじん切り)…大さじ1/2
- 赤玉ねぎ(みじん切り)…大さじ2
- 香菜(みじん切り)…大さじ2
- ヌックマム…小さじ2
- グラニュー糖…小さじ1/2
- 塩…小さじ1/4
- 黒こしょう…少量

豚肩ロース肉(しょうが焼き用)…4枚
薄力粉…適量
溶き卵…適量
黒ごま…適量
乾燥パン粉…適量
揚げ油…適量
フランスパン(長さ約13cm)…1個
マヨネーズ…適量
きゅうり(薄切り)、大根とにんじんのヌックチャム漬け(P.151)、香菜、スペアミント…各適量
ホットチリソース…適量

1 Aの材料を混ぜ、豚肉の両面にぬり、20分おいて下味をつける。
2 **1**を薄力粉、溶き卵、黒ごまを混ぜたパン粉に順にくぐらせ、170℃の油で揚げる。
3 フランスパンに横に切りこみを入れる。マヨネーズを両面にぬる。きゅうり、汁気をきったヌックチャム漬け、香菜、スペアミントをはさむ。ホットチリソースを添え、好みでかける。

POINT

ベトナム版のとんかつサンドをつくりたくて考えたレシピです。このとんかつは、ハノイに留学していた頃、料理教室で習ったもの。ごはんのおかずやつまみにもおすすめです。

進化しつづけるサンドイッチ“バインミー”

足立由美子

世界に広がるバインミー

はじめてベトナムでバインミーを食べてからかれこれ20年が経ちました。いまでは日本でもバインミーと名づけたサンドイッチを売る店が増えましたし、アメリカ、カナダ、オーストラリアなど、ベトナムの人が移住した国々を中心に、世界各地でその名を知られるようになりつつあります。

バインミーはパンという意味

バインミーという言葉はサンドイッチを指すと思われがちですが、実は「パン」という意味。フランスのバゲットがルーツです。「バインミー パテ」といえばパテをはさんだサンドイッチのことですし、「バインミー カリー」といえばフランスパンを添えて食べるカレーのことです。

ベトナムではフランスパンを肉と野菜の煮込みに添えたり、汁麺のスープにひたしたり、貝や肉の炒めものに添え、その汁にひたしてつまみにしたりもします。さらには蒸して、肉そぼろをのせ、葉野菜で巻いて食べたり、アイスクリームをはさんでおやつにすることも。屋台の焼き鳥屋にはフランスパンを平たくつぶしてはちみつに浸し、炭火であぶるメニューもあります。

トラディショナルなバインミーとは

昔ながらのバインミーの具材といえば、もっともオーソドックスなのは豚レバーのパテです。そのほかには豚もも肉のハム、蒸した豚のすり身、鶏肉や豚肉のでんぶ、皮なしの焼売のようなシウマイという肉団子などがあります。

仕上げにはヌックトゥンという大豆醤油（タイのシーズニングソースと同様のもの。P.145 参照）をふることが多く、店によってはなます、細ねぎや香菜などの香味野菜やハーブ、黒こしょうやホットチリソースを加えてくれることも。朝ごはんの時間には、その場で焼いたオムレツをはさんでくれるバインミー屋も多いです。南部では、つくね、牛の焼肉、カリカリに焼いた塩豚、臓物の煮込みなどをはさむことも多く、そういうお店はだいたい専門店で1種類のバインミーだけを売ることがほとんどです。

ベトナムで、世界で、新しいバインミーが生まれ続ける

こうしたオールドスタイルの人気店や屋台はいまでもたくさんありますが、近年では進化系バインミーとでも呼びたいスタイル、店づくりのお店も増えてきました。

たとえば「マスターシェフ」というテレビ番組で優勝した若き女性料理人が開いたお店は、バーベキューソースをからめた牛肉やソーセージ入りのオムレツといった、いままでのバインミーにはなかった具材で大いに流行りました。

また、バインミーといえば古新聞などの古紙で包むのが当たり前でしたが、若い人がはじめた店ではしゃれたデザインの包装紙を使っていたり。デリバリー専門店や全国にチェーン展開する企業があらわれ、北部の港町・ハイフォン名物の細長いパンでつくるバインミー カイが全国で流行し、バインミーをプレスしてホットサンドにする店が生まれるなど、訪れるたびに発見があります。

ベトナム各地でのこうした新しい動きに加えて、世界各地のバインミーもその地にあわせた新たなスタイルが生まれつつあると感じています。バインミーの進化を追うわたしの旅は、どこまでも続きそうです。

ベトナム北部の忘れられない味

鈴木珠美

バインクォンは北部の名物

さまざまな米粉料理があるベトナム。北部にはバインクォンという名物料理があります。これは、米粉の生地を蒸してつくる薄くてクレープ状の皮に、炒めてつくる豚肉のそぼろなどを巻いたもので、ヌックマム、柑橘の搾り汁、砂糖、赤唐辛子でつくる辛くて甘酸っぱいたれにつけて食べます。日本のベトナム料理店では蒸し春巻き（P.70）という名でメニューにのっていることがあります。

タイン チー村のバインクォンは絶品！

ベトナムに料理を学ぶために留学していた頃、北部にあるタイン チー村（Thanh Trì）のバインクォンをよく食べました。生地が薄くてやわらかく、上にのせたフライドオニオンがこうばしく、きくらげ入りの肉そぼろを包むだけというシンプルな構成ながら、いまだに忘れられない味わいです。

バインクォンづくりでは生地が重要。タイン チー村ではガオ チィエム（Gạo Chiêm）という丸くて粒の大きい品種の古米を使います。これを3時間ほど浸水させ、石臼でひいてペースト状にし、水や塩を混ぜれば生地のできあがり。生地は専用の蒸し器で火を通します。蒸し器にはふたがなく、鍋の上に布が貼られていて、布の上に生地を手早く薄く広げて蒸し上げます。

バインクォンに添えてくれるたれも絶妙な味わい。その割合は村の秘伝だそうで、誰にきいても教えてくれませんでした。

タイン チー村では、毎日、深夜2時頃からバインクォンをつくりはじめます。早朝の4～5時には、村の女性、総勢200人ほどが各自10～20 kgものバインクォンを車に積み、1時間半ほどかけてハノイに売りに行くのだそうです。

バインクォンのおいしさが激増する、あるエッセンス

バインクォンのたれに、あるエッセンスを1滴入れると、そのおいしさが激増します。それはカー クン（cà cuống）というタガメの一種のお腹からとれるエッセンスで、オレンジに似た柑橘系の香りがします。ヌックマムとの相性は最高。かつてはカー クン入りのヌックマムも売られていたと聞いたことがあります。いまやカー クンのエッセンスは高級調味料のひとつ。ここ数年は化学的に合成したニセモノが多く出まわっています。本物は200ccで約5000円（1滴あたり約35円）しますが、ニセモノは1滴あたり約4円。本物はだいたいが海外に輸出されてしまうため、いまやベトナムではなかなか味わえなくなってしまいました。

Bột gạo

日本の米粉はジャポニカ米。ベトナムの米粉はインディカ米

ベトナム料理で使う米粉

ベトナムでとれる米のほとんどはインディカ米で、米粉もインディカ米を挽いてつくります。この本のレシピでもインディカ米の米粉を使っています。日本ではタイ産（写真）や台湾産のものが手に入ります。

米の生地でつくる料理が豊富なベトナム料理。地方ごとにさまざまな料理があります。フエを中心とする中部には米粉を使った料理が特にたくさんあります。蒸す、焼く、加熱しながら練る、揚げるといった調理法のちがい、大きさや厚み、生地に混ぜる材料のちがいで、まったく異なる食感が生まれます。米粉でつくる料理は中国料理における点心にあたり、朝食、おやつ、夜食として食べられる軽食がほとんどです。

わたしが一番好きな米粉料理は北部のバイン ドゥック ノン（Bánh đúc nóng）というお雑煮のような料理。米粉を練りながら加熱してつくるどろっとしたゆるい餅にスープをかけ、ひき肉と揚げ豆腐をのせたものです。お雑煮といっても、そのとろっとやわらかくてもちもちとした食感は独特で、日本のお雑煮とは似て非なるものです。ベトナム料理は、一見、日本の料理に似たものも多いので、こんな味かな？と思っても、食感や味わいがまったくちがうことがあります。米粉の料理は特にそうです。ぜひつくって、そのおいしさをたしかめてください。

米粉はベトナムの食には欠かせない素材。水で溶いて蒸せばバインベオ（P.66）や蒸し春巻き（P.70）に、ターメリックを加えて焼けばバイン セオ（P.72、74）に、バナナとあわせて蒸せばバナナケーキ（P.134）に、鶏やえびにまぶして揚げれば唐揚げになります。米粉の料理は、見た目から味の想像がつかないものも多く、たとえばボッチン（P.68）は米粉でつくった餅を冷まし、切って焼き、卵でとじます。はじめて見たときは、その独特な調理工程に衝撃を受けました。わたしは米粉料理のもちもちとした食感が大好きで、kitchen. の生春巻きには具材としてバインベオの皮を入れています。

Bánh bèo
バイン ベオ

バインベオ

鈴木珠美

小皿で蒸した米粉の生地に甘くて辛いえびのたれ、えびのでんぶなどをかけ、つるりと口に運ぶ

材料　10個分

たれ *1
- 米油…大さじ1/2
- にんにく（みじん切り）…小さじ1
- えびの頭…6尾分
- 水…50cc
- ヌックマム…大さじ3
- グラニュー糖…大さじ3

えびのでんぶ
- えび…6尾
- 酒、塩…各少量

生地
- 米粉…50g
- 水…210g
- 塩…2～3つまみ

ねぎ油…P.151掲載の全量
豚皮スナック *2（くだく）…適量
香菜…適量
赤唐辛子（みじん切り）…適量

＊1：「えびフォー」（P.42）のスープ50ccにグラニュー糖大さじ3を加えたものを使ってもよい。
＊2：豚の皮をカリッと揚げたスナック菓子。塩とガーリックパウダーで味つけしたもの（「Best CHICHARON REGULAR」アジアキッズ）を使用。

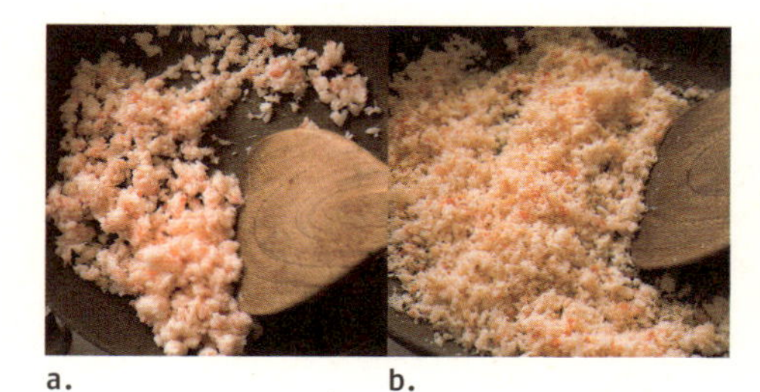

a.　b.

c.　d.

1 たれをつくる。
①鍋に米油とにんにくを入れて中火にかける。香りがたってきたら、えびの頭を入れ、木ベラでつぶしてみそを出しながら炒める。
②こうばしい香りがしてエビの頭が赤くなったら、分量の水を注ぐ。沸いたらアクをとり、再沸騰させて漉す。ヌックマムとグラニュー糖を加える。

2 えびのでんぶをつくる。
①えびは殻付きのまま背わたを抜く。塩と酒を加えた湯にえびを入れ、再沸騰したら火を止める。
②えびが冷めたら殻をむき、フードプロセッサーでみじん切りにする。
③フライパンに②を入れ（a）、さらさらとしたパウダー状になるまで乾煎りする（b）。

3 生地をつくる。
①米粉と水を混ぜあわせ、塩を加える。
②蒸し器に小皿（直径9cm・高さ3cm）を10枚入れて火にかける。蒸気があがってきたら、①を小皿に注ぎ入れ（c）、ふたをして4～5分蒸す。
③ふたを取った瞬間、生地がぶわっと一瞬ふくらみ、すぐに平らになればよい。ならない場合はさらに1～2分蒸す。常温において冷ます。

4 生地にねぎ油をぬり、えびのでんぶ（1枚につき小さじ2）、豚皮スナック、香菜をのせる。好みで赤唐辛子を加えたたれをかける。小さじで生地を小皿からはがして食べる（d）。

POINT

フエの料理です。このレシピのように小皿のまま出すところもありますし、小皿から生地を取り出して皿に盛りつける店もあります。たれは甘くて辛いフエらしい味つけ。豚皮が手に入らないときは、フランスパンや食パンを揚げてクルトンをつくり、代用してください。

Bột chiên
ボッチン

ボッチン（卵とじ焼き餅）

伊藤 忍

米粉を蒸して餅状の生地をつくり、角切りにして
カリッと焼く。卵でとじてなますとともに食べる

a. b.

c. d.

e. f.

材料　2人分
米粉（インディカ米）…140g
片栗粉…大さじ1
塩…小さじ1/3
水…100cc
熱湯…300cc
青パパイヤ（せん切り）*…50g
にんじん（せん切り）50g
A
湯…大さじ2
グラニュー糖…大さじ1
シーズニングソース…大さじ3
米酢…大さじ1/2
サラダ油…大さじ4
溶き卵…2個分
細ねぎ（小口切り）…2～3本分
ホットチリソース…適量

*：大根で代用可能。

1 ボウルに米粉、片栗粉、塩を入れ、分量の水を加えてよく混ぜる。熱湯を少しずつ加えてよく混ぜる(a)。油をぬった小型のバット（約14×20㎝）に移す(b)。加える水や湯の温度によっては写真よりもどろっとした状態になることもある。
2 蒸気のあがった蒸し器に1のバットを入れ約15～20分蒸す。
3 取り出して冷まし、型から生地を出す。サラダ油適量（分量外）をぬった包丁で、3㎝角に切る(c)。
4 青パパイヤとにんじんは水につけてパリッとさせ、水気をしっかりきる。
5 Aの分量の湯にグラニュー糖を加えて溶かし、残りの材料を混ぜてたれをつくる。
6 フライパンにサラダ油大さじ2を熱し、3を入れてじっくりと焼く。表面がカリッとしたら端に寄せる(d)。あいたところに残りのサラダ油を入れて熱し、溶き卵を流し入れ、大きく混ぜる(e)。卵がかたまりはじめたら細ねぎを加え、ヘラで全体を混ぜ、卵で生地をとじるようにする(f)。
7 器に盛り、4、5、ホットチリソースを添える。

POINT

ボッチンのもとになったのは大根餅を卵でとじる華人料理。ベトナムでは大根を入れない餅でつくるようになったそうです。屋台では大きな鉄板で焼いて売っています。

Bánh cuốn nóng
バイン クォン ノン

蒸し春巻き

鈴木珠美

蒸し焼きした米粉の生地に、きくらげ入りの肉そぼろを包む春巻き。生地はもちもち、ぷるぷる

a.　b.

c.　d.

e.　f.

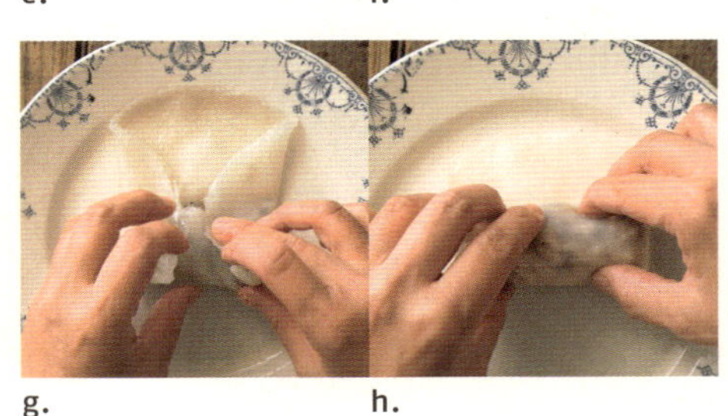
g.　h.

材料　8本分

あん
- 米油…大さじ1
- にんにく（みじん切り）…小さじ1/2
- 玉ねぎ（みじん切り）…100g
- 豚ひき肉…100g
- きくらげ（裏白・乾燥）*…3枚
- ヌックマム…小さじ1

生地
- 米粉（インディカ米）…30g
- タピオカ粉…30g
- 薄力粉…10g
- 水…200cc
- 塩…1つまみ

米油…適量
きゅうり（せん切り）、大根とにんじんのヌックチャム漬け（P.151）、大葉（せん切り）、フライドオニオン、ヌックチャムＣ（P.151）…各適量

＊：約半日、水に浸してもどし、石づきを取ってみじん切りにする。

1 あんをつくる。フライパンに米油とにんにくを入れて熱し、香りがたってきたら玉ねぎを入れて炒める。玉ねぎがしんなりしたら豚ひき肉を加えてぽろぽろになるまで炒める。きくらげ、ヌックマムを順に加えて炒め、取り出して冷ます。

2 ボウルに生地の材料をすべて入れてよく混ぜる。

3 直径18cmのテフロン加工のフライパンに米油を薄くひいて温める（a）。生地を混ぜなおし、1枚分流し込む。フライパンをまわして生地を広げ（b）、フタをする。弱火にし、透明感が出るまで蒸し焼きする。

4 皿に米油を薄くぬる（c）。生地のふちがぱりぱりしてきたら、フライパンの端から米油を少し流し込み（d）、火を止める。油をぬった皿を逆さにしてフライパンにのせる。フライパンをひっくり返して生地を皿に移す（e）。

5 生地の手前にあんを大さじ2～3のせる。手前から巻いてあんを覆い（f）、生地の左右を折る（g）。手前から奥に向かってくるくると巻く（h）。

6 器に盛り、きゅうり、大根とにんじんのヌックチャム漬け、大葉、フライドオニオンを順にのせ、ヌックチャムをかける。

POINT

ここでご紹介したのは、たれをかけて食べる南部のスタイル。もともとは北部の料理です。北部ではチャー（chả）という蒸した豚のすり身が入った温かいつけだれを添えます。路上の屋台や専門店で食べられる料理です。
ベトナムでは布をはった専用の蒸し器に生地を薄くのばし、蒸したてに具材を巻いてつくります。ここでは、フライパンで蒸し焼きする方法をご紹介しました。

Bánh xèo miền Nam
バイン セオ ミェン ナム

南部スタイルのバインセオ

伊藤 忍

たっぷりの油でカリッと揚げ焼きにするのがポイント。焼き上がったら、油をしっかりきること

材料　2～3枚分

生地

- 米粉（インディカ米）*…70 g
- 片栗粉…大さじ2
- ターメリックパウダー…小さじ1/2
- ココナッツミルク…70cc
- 水…120cc
- 細ねぎ（小口切り）…2本分

たれ

- 大根（せん切り）、にんじん（せん切り）…各30 g
- 湯…大さじ6
- グラニュー糖…大さじ2
- ヌックマム…大さじ2
- 米酢…大さじ1
- にんにく（みじん切り）…少量
- 赤唐辛子（みじん切り）…少量

えび…中4～6尾

豚切り落とし肉…70 g

玉ねぎ…1/4個

サラダ油…適量

もやし…約1袋

生野菜とハーブ（グリーンカールかサニーレタス、大葉、香菜、スペアミントなど）…適量

*：市販のバインセオミックス粉を使ってもよい。その場合、片栗粉は不要。ミックス粉にターメリックパウダーが入っている場合はこちらも不要。

1 生地をつくる。ボウルに米粉、片栗粉、ターメリックパウダーを入れて混ぜ、ココナッツミルク、水、細ねぎを加え、よく混ぜる。

2 たれをつくる。
①大根とにんじんは塩小さじ1/2（分量外）をまぶし、2〜3分おく。しんなりしたら何回かもみ洗いし、塩気を抜く。水気をしっかり絞る。
②湯にグラニュー糖を加えて溶かし、ヌックマム、米酢、にんにく、赤唐辛子を混ぜる。①を加え、1人分ずつ器に盛る。

3 えびは殻をむき、半分の厚さに切って背わたを取る。豚肉は一口大に切る。フライパンにサラダ油大さじ1を熱し、えびと豚肉を炒めて取り出す。玉ねぎはくし切りにして1枚ずつはがす。

4 テフロン加工のフライパンにサラダ油少量を温め、油が全体に行きわたったらキッチンペーパーで残らず拭く（a）。

5 よく混ぜた生地を1枚分入れ、フライパンを回して手早く広げる（b）。

8 火を弱め、生地の手前半分に**3**ともやしを1枚分のせる（c）。ふたをして約30秒蒸し焼きにする。

9 もやしが汗をかきはじめたら（d）、ふたを取り、フライパンの端からサラダ油約大さじ2を流し入れる（e）。油は全体には広げず、油を注いだあたりに火があたるようにして、生地全体の1/4〜1/3くらいを揚げ焼きにする。このように油を足しては揚げ焼きにすることを3〜4回繰り返し、全体を焼く。

10 生地がパリッと焼けたらヘラで半分に折り（f）、ヘラにのせる。キッチンペーパーを敷いたバットの上で、はしでおさえながらかたむけてゆっくりと油をきり（g）、器に盛る。たれ、食べやすい大きさに切った生野菜とハーブを添える（葉野菜は手のひらくらいの大きさに切る）。バインセオはスプーン2本で食べやすい大きさに切り（h）、葉野菜にハーブとともに包み、たれにつけて食べる。

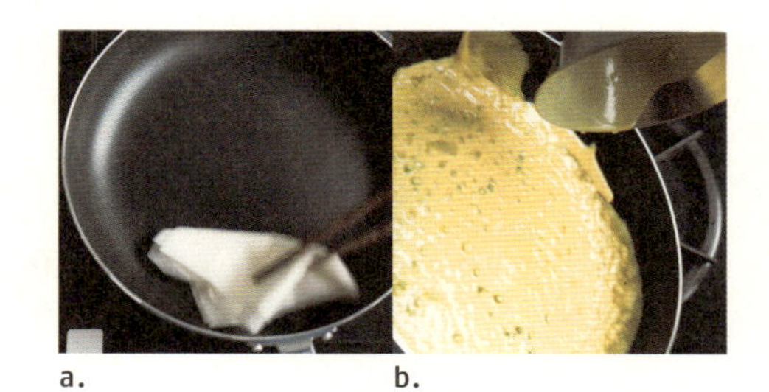
a.　b.

c.　d.

e.　f.

g.　h.

POINT

現地ではアルミや鉄の浅い中華鍋で生地を焼きますが、このレシピではテフロン加工のフライパンで焼く、より手軽な方法をご紹介しています。日本でバインセオというと、この南部風のものがほとんど。生地にココナッツミルクを使い、サイズは大きくて、ハーブとともに葉野菜で包み、ヌックマムベースのタレで食べるのが特徴です。バインセオのコツは、しっかりと熱した多めの油で生地を焼くこと。油の量をひかえると、かえってべったりとした焼き上がりになってしまいます。生地を流す前に油をひくのは、フライパンのキズに油を流しこむため。キズがあると生地がはがれにくくなります。また、フライパンに油が残っていると、生地が流れてきれいに広がらないので、油をひいたらいったん全部きれいに拭き取ります。

Bánh xèo miền Trung
バイン セオ ミェン チュン

中部スタイルのバインセオ

伊藤 忍

小さめに焼くのが中部のスタイル。とろみをつけたコクのある肉味噌だれで食べる

材料　2人分（4枚）

生地
- 米粉（インディカ米）…90 g
- 薄力粉…大さじ4
- ターメリックパウダー…小さじ2/3
- 水…250cc

たれ
- サラダ油…大さじ1
- にんにく（みじん切り）…1片分
- 豚赤身ひき肉…50 g
- 豚か鶏のレバー（細かく切る）…50g
- 水…200cc
- 味噌（信州みそなど）…大さじ3
- グラニュー糖 *1…約大さじ1
- ピーナッツ（フードプロセッサーで細かくする）…30g
- 白すりごま…大さじ2
- 水溶き片栗粉…適量

青パパイヤ *2（せん切り）…50g
にんじん（せん切り）…50g
米酢、グラニュー糖…各大さじ1
えび…8～12尾
牛切り落とし肉…120 g
サラダ油…適量
もやし…1袋分
溶き卵…2個分
生野菜とハーブ（グリンカールやサニーレタス、大葉、スペアミント、香菜、きゅうりなど）…適量

＊1：加える量は味噌の塩気にあわせて調整する。しっかり甘じょっぱい味にするとよい。
＊2：大根で代用可。

1 生地をつくる。ボウルに米粉、ふるった薄力粉、ターメリックパウダー、塩を入れて混ぜあわせ、分量の水を加えて溶き混ぜる。

2 たれをつくる。
①鍋にサラダ油とにんにくを入れて熱し、香りがたってきたら豚ひき肉とレバーを入れて炒める。
②ポロポロになったら分量の水を加えて沸かし、火を弱めてアクをとる。弱火で煮て、肉とレバーに火を通す。
③味噌、グラニュー糖、ピーナッツ、白すりごまを加え、水溶き片栗粉でとろみをつける。冷めたら1人分ずつ器に盛る。

3 青パパイヤとにんじんをあわせ、米酢とグラニュー糖をまぶし、約30分おく。しんなりしたら水気を軽く絞る。

4 えびは殻が薄いものはそのまま使い、厚いものはむく。牛肉は食べやすい大きさに切る。フライパンにサラダ油大さじ1を熱し、えびと牛肉を炒める。

5 小さいフライパンにサラダ油大さじ1を熱し、キッチンペーパーで余分な油をふき取る(a)。**1**を混ぜなおし、1/4量を流し入れて広げる(b)。**4**ともやしを1/4量ずつのせる。上から溶き卵1/4量をまわしかけ、ふたをして弱火で蒸し焼きにする。

6 もやしが汗をかきはじめたらふたを取り、ふちからサラダ油を大さじ2〜3注ぐ。カリッとするまで揚げ焼きにし、フライ返しで半分に折る。

7 バットにキッチンペーパーを敷き、**6**をヘラにのせ、はしで押さえながらバットの上で油をきる(c)。器に盛り、たれ、食べやすい大きさに切った生野菜とハーブを添える。スプーン2本を使ってバインセオを食べやすく切り分け(d)、水をつけたライスペーパーに生野菜やハーブとともに包み(e~f)、たれにつけて食べる。

a. b.

c. d.

e. f.

POINT

バインセオは南部から中部にかけて食べられている料理です。中部では小ぶりなものが多く、野菜といっしょにたれにひたしたり、ライスペーパーに野菜とともに包んで食べたりと食べ方のバリエーションが豊富。たれもいろいろです。このレシピは中部のダナンやホイアンでポピュラーなもの。ライスペーパーに包み、肉味噌だれをつけて食べます。このたれは中部の万能だれで、焼肉、つくね、あえ麺などにも使われます。

Cơm bình dân

ベトナムを旅するなら コムビンザンを食べるべし！

How to ビンザン食堂

1 人数を伝える

ビンザン食堂は店先や店内におかずがずらりと並んだコーナーがあります。店の外にバイクがたくさん停まっていて、店内にお客がたくさんいる店はおいしいです。店に入ったら、まず店の人に人数を伝えます。

→

2 食べたいおかずを指さす

食べたいものを指さして注文します。ベトナムの人は、肉や魚などのメインとなるおかず、野菜のおかず、スープをバランスよく頼みます。直感にしたがって、おいしそう！と思ったおかずを選びましょう。

→

3 空いている席に座って待つ

待っていると、人数分のおかずとごはんが大皿や洗面器に盛られて運ばれてきます。

→

4 ごはんをよそい、おかずをのせて食べる

小さなお茶碗が取り皿がわり。お茶碗は料理と一緒に運んできてくれるか、卓上にあるものを勝手にとって使います。まずはごはんをよそい、その上におかずをのせて食べるのがベトナムスタイル。

→

5 スープはごはんにかける

ごはんが残り半分くらいになったらスープをかけて食べます。お茶碗が空になったら、またごはんをよそいます。ベトナムのお米は軽い食感のインディカ米なので、女性でも2～3杯はおかわりするのが普通。

→

6 卓上のデザートは別料金

テーブルの上にプリンやバナナなどがおいてある店も。これらは別料金。ちなみに、卓上にあるおしぼりも有料で、使った分だけ支払います。食べ終わったら、店の人を呼び、空の皿を指さしてからお金を見せるなどして、お会計をお願いします。金額を紙に書いてもらうとよいでしょう。

ベトナム全土、どの町にもあるのがクァンコム ビンザン（Quán cơm bình dân）です。クァンは店、コムは白いごはんのこと。クァンコムで食堂、ビンザンは平民という意味です。つまり、普段の食事を出す店ということで、いってみれば日本の定食屋のようなものです。この章では、ビンザン食堂で食べられるおかずやスープ＝コムビンザン（ビンザン食堂のごはん）をご紹介します。ビンザン食堂はベトナムの人がふだん食べている家庭料理を味わえる店。食べたいものを指さすだけで注文できるので、おかずがずらりと並んだお店をみかけたら、ぜひ入ってみてください。

ビンザン食堂にはビールもおいていて、わたしはいつもまずはおかずをつまみに飲むのですが、白いごはんを食べはじめるタイミングが難しい！たいていは、つまんでいるうちに、これはごはんと一緒に食べたい！というおかずがでてきて、ついついごはんを食べはじめてしまい、ごはんを食べはじめるとビールがすすまなくなる、という事態に……。ビールを飲み終わったところで白いごはんに切りかえればいいのですが、なかなかそうはうまくいかず、悩ましいかぎりです。

女性だけだと入りにくいイメージも抱く方もいらっしゃるかもしれませんが、ぜひ入ってみてほしいです。最後の晩餐はビンザン食堂で、と思うくらい、わたしはビンザン食堂が好きです。北部だと砂糖はあまり使わず、南部は砂糖やココナッツミルク、ココナッツジュースを使った甘くてこってりした味わいの店が多いです。特に好きなのは北部出身者が営む南部のビンザン食堂。南部料理だけでなく、豚の煮こごりや青バナナとたにしの煮込みなどの北部にしかない料理があったり、南部の人ならばもっと甘くすることころをよりすっきりと味つけしているところがわたし好みなんです。

Cơm bình dân miền Nam

南部のコムビンザン

Canh khoai từ nấu tôm thịt viên
カイン ホアイ トゥー ナウ トム ティット ヴィエン

山芋とえび豚だんごのスープ

すりおろした山芋を入れたとろりとしたスープ。中にはえび入り肉団子が

伊藤 忍

材料 4人分
細ねぎ…3～4本
干しえび…15 g
えび（むき身）…100 g
豚赤身ひき肉…50g
A
　ヌックマム…小さじ1
　片栗粉…小さじ1～2
　塩、グラニュー糖…各1つまみ
　黒こしょう…小さじ1/3
サラダ油…大さじ1
水…800cc
山芋（または長芋）…250 g
B
　ヌックマム…大さじ1
　塩…適量
　グラニュー糖…1つまみ
香菜（細かくきざむ）、黒こしょう…各少量

1 細ねぎは青い部分は小口切りに、白い部分は包丁で叩いてからみじん切りにする。
2 干しえびはサッと洗ってからひたひたの熱湯（分量外）に約10分浸してもどす。干しえびともどし汁にわけ、干しえびは粗くきざむ。
3 えびをまな板に並べてラップをかける。すりこぎで叩いた後、粗くきざむ。
4 ボウルに3と豚肉を入れ、粘りが出るまで混ぜる。1のみじん切りにした細ねぎ、Aを加えてさらに混ぜ、小さく丸める。
5 鍋にサラダ油と2の干しえびを入れて炒め、香りがたってきたら、2のもどし汁と分量の水を加えて沸かす。弱火にしてアクをとり、約7～8分煮る。
6 4を加え、浮いてきたら火を止める。
7 山芋は皮をむいてすりおろし、6のスープを適量取って混ぜる。スープに加える。
8 火をつけて温め、Bを加える。器に盛り、1の小口切りにした細ねぎ、香菜、黒こしょうをふる。

Canh rau tần ô thịt bằm
カイン ラウ タン オー ティット バム

春菊とひき肉のスープ

豚ひき肉の旨みと春菊の苦みが好相性。春菊をクレソンにかえてつくることも

足立由美子

材料 4人分
春菊1束（約140g）
豚ひき肉…200g
A
　ヌックマム…小さじ1/2
　黒こしょう…少量
サラダ油…大さじ1
にんにく（みじん切り）…大さじ1/2
水…800cc
B
　ヌックマム…大さじ1と1/3
　グラニュー糖…小さじ1
　塩…小さじ1/2
黒こしょう…適量

1 春菊は根元を切り落とし、ざく切りにする。
2 豚ひき肉にAをもみこんで下味をつける。
3 鍋にサラダ油とにんにくを入れて炒める。香りがたってきたら2を加え、色が変わったら分量の水を加えて沸かす。弱火にしてアクを取り、Bと春菊を加える。器に盛り、黒こしょうをふる。

Canh chua tôm カイン チュア トム

えびのカインチュア

カインチュアは甘酸っぱいスープ。食欲の落ちる夏にぴったりの味

足立由美子

材料 4人分
タマリンド…20g
湯…100cc
水…100cc
サラダ油…大さじ1
にんにく（みじん切り）…大さじ1と1/2
えび…8尾
玉ねぎ（幅1cmのくし形切り）…80g

水…300cc
A
グラニュー糖
…大さじ3と1/2
塩…小さじ1
はすいも（皮をむき幅2cmの斜め切り）…60g
オクラ（半分に斜め切り）…4本分
パイナップル（一口大に切る）…100g
トマト（くし形に切る）…小1個分
B
ヌックマム…小さじ1
黒こしょう…少量
もやし（ひげ根をとる）…60g
香菜、赤唐辛子（小口切り）、ガーリックオイル*…各適量

*：フライパンににんにく（みじん切り）大さじ2とサラダ油大さじ6を入れて熱する。ときどき混ぜ、にんにくが色づいてきたら火からおろす。

1 タマリンドを分量の湯と水（100cc）でふやかす。果肉をもんでペースト状にし、ザルで漉して種を取り除く。
2 鍋にサラダ油とにんにくを入れて炒める。香りがたってきたら、えびを炒める。えびの色が変わったら玉ねぎを加えて軽く炒める。
3 分量の水（300cc）を加えて沸かし、火を弱めて1を加える。
4 再沸騰させてアクをとり、Aを順に加えてさっと煮る。
5 Bを加え、ひと煮立ちしたら火を止める。
6 器に盛り、香菜をのせる。赤唐辛子とガーリックオイルを好みで加える。

Thịt kho trứng ティット コー チュン
豚と卵の煮もの

ココナッツウォーターを使った、豚肉と卵の甘じょっぱい煮もの

鈴木珠美

材料　4人分
豚肩ロース肉…300g
A
にんにく（みじん切り）…5g
赤玉ねぎ（みじん切り）…20g
黒こしょう…3つまみ
ヌックマム…大さじ1/2
グラニュー糖…大さじ1と1/2
卵…2個
うずらの卵…4個
黒粒こしょう…1g
ココナッツウォーター…300cc
赤唐辛子（斜め薄切り）…1本分

1 豚肉は3〜4cm角に切り、Aをからめて15〜20分おく。卵とうずらの卵はかたゆでにする。
2 鍋に1、黒粒こしょう、ココナッツウォーターを入れ、強火にかける。煮立ったらアクをとり、弱火にして20〜30分煮る。
3 赤唐辛子を加え、ざっと和えてから盛る。

Cá kho カー コー
カーコー（魚の煮つけ）

焦がした砂糖や豚ばら肉を煮汁に加えて、コクのある仕上がりに

鈴木珠美

材料　3〜4人分
ごま油…大さじ1
魚の切り身（さわらやぶりなど）…300g
A
ヌックマム…大さじ1と1/2
グラニュー糖…大さじ3
豚ばらかたまり肉（1cm角の棒状に切る）…70g
水…400cc
B
赤玉ねぎ（薄切り）…1/4個分
しょうが（薄切り）…大1片分
黒粒こしょう…2g

1 フライパンにごま油を熱して魚を入れ、両面をきつね色に焼く。
2 小鍋にAを入れて火にかけ、焦がしてキャラメルソースをつくる。
3 2に豚肉を入れてさっと炒め、分量の水を加える。
4 1のフライパンに3、B、黒粒こしょうを加えて火にかける。煮立ったらアクをとり、煮汁にとろみがでるまで煮る。

Đậu hũ chiên sốt cà chua
ダウ フー チン ソット カー チェア

厚揚げ肉詰め トマトソース煮

レモングラス風味の肉だねを厚揚げに詰め、ヌックマム味のトマトソースで煮る

足立由美子

材料 4人分（8個分）
厚揚げ…2枚
A
豚ひき肉…400g
にんにく（みじん切り）…大さじ1
細ねぎ（白い部分のみじん切り）…4本分
きくらげ（乾燥）＊…10g
レモングラス（みじん切り）…80g
ヌックマム…小さじ1
グラニュー糖…小さじ1
黒こしょう…小さじ1
塩…小さじ1/2
片栗粉…適量
サラダ油…適量
にんにく（みじん切り）…大さじ1
B
トマト（ざく切り）…大3個分
ヌックマム…大さじ2
グラニュー糖…大さじ2
塩…小さじ1/2
黒こしょう…適量

＊：約半日浸水させてもどし、石づきを取り除いてみじん切りにする。

1 厚揚げは半分に切り、さらに斜めに切って三角形にする。中身を少しくり抜く。くり抜いた中身とAを混ぜる。
2 厚揚げの中に片栗粉を軽くふり、1を詰める。
3 サラダ油をフライパンの深さの1/3くらいまで注いで熱し、1を詰めた面から焼きかためる。他の面も揚げ焼きにする。
4 厚揚げを取り出し、にんにくを入れて炒める。香りがたってきたら、Bを加え、約10分煮込む。厚揚げを戻し入れ、さらに約10分煮込む。
5 器に盛り、黒こしょうをふる。

Đậu bắp xào cà chua
ダウ バップ サオ カー チュア

オクラとトマトの炒めもの

オクラはさっとゆでてしゃきっとした食感に。トマトとともに手早く炒める

伊藤 忍

材料 4人分
オクラ…約20本
トマト…小2個
干しえび…大さじ1
サラダ油…大さじ2
にんにく（みじん切り）…1片分
A
シーズニングソース…大さじ1
ヌックマム…小さじ1
グラニュー糖…小さじ2
黒こしょう…少量

1 オクラは塩を加えた熱湯（分量外）でサッとゆで、冷水に取る。水気をきり、ヘタのふちを包丁でむいて斜め半分に切る。
2 トマトはくし形切りにする。
3 干しえびはひたひたのぬるま湯に約5分浸してもどし、汁気をきって粗くきざむ。
4 フライパンにサラダ油とにんにくを入れて熱し、香りがたってきたら、3を炒める。
5 トマトを加えて手早く炒める。トマトが温まったらオクラを加えてさっと炒め、Aを加える。

Gà kho sả ガー コー サー

鶏肉のレモングラス風味煮

レモングラスがさわやかに香る。しっかりめの味つけで、ごはんがすすむ

足立由美子

材料 4人分
サラダ油…大さじ2
にんにく（みじん切り）…大さじ1
レモングラス（みじん切り）…40g
鶏もも肉（一口大に切る）…2枚（600g）

A
グラニュー糖
…小さじ2と1/2
ヌックマム
…大さじ2と1/2
ターメリックパウダー
…小さじ1/2

水…1/3カップ

赤唐辛子（斜め切り）
…1本分
黒こしょう…少量

1 フライパンでサラダ油とにんにくを炒め、香りが立ってきたらレモングラスを加える。
2 鶏もも肉を加える。表面の色が変わったらAを加え、肉にからめる。分量の水を加えて沸かし、中火で約15分煮る。汁気がやや残るくらいまで減ったら、赤唐辛子と黒こしょうを加え混ぜる。

Cà tím nướng thịt bằm
カー ティム ヌン ティット バム

ベトナム風焼きなす挽肉のせ

ねぎ油と肉そぼろをのせ、甘酸っぱいたれをかけた、食べごたえのある焼きなす

伊藤 忍

材料 4人分
なす…4本
たれ
湯…大さじ3
グラニュー糖…大さじ1
ヌックマム…大さじ1
レモン汁…大さじ1
にんにく（みじん切り）
…1/2片分
赤唐辛子（みじん切り）
…適量

A
サラダ油…大さじ1
にんにく（みじん切り）
…1片分
赤わけぎ（みじん切り）
…2個分

豚赤身ひき肉…100g
B
ヌックマム…小さじ2/3
グラニュー糖…少量
黒こしょう…少量

ねぎ油…P.151掲載の全量

1 なすは焼き網や魚焼きグリルで丸ごと焼く。熱いうちに皮をむき、食べやすい大きさに切って皿に盛る。
2 たれをつくる。湯にグラニュー糖を溶かし、残りの材料を混ぜる。
3 フライパンにAを入れて炒め、香りがたってきたら豚肉を入れて炒める。ポロポロになったら、Bを加える。
4 1に3をのせ、ねぎ油をかける。たれを添え、かけて全体を混ぜてから食べる。

Chả trứng チャー チュン

ひき肉茶わん蒸し

ひき肉をたっぷりと入れ、春雨ときくらげを加えてしっかりと蒸す

鈴木珠美

材料 直径10cm×深さ4cmの茶わん2個分
緑豆春雨（乾燥）…20g
きくらげ（乾燥）…12g
A
豚ひき肉…50g
しょうが（みじん切り）
…5g
赤玉ねぎ（みじん切り）
…50g

卵…3個

B
ヌックマム…小さじ2
グラニュー糖…小さじ1
黒こしょう…少量

サラダ油…少量
ごま油…小さじ1
赤唐辛子…2本
香菜の葉…少量

1 緑豆春雨は水に浸してもどし、幅1cmに切る。きくらげも水でもどし、石づきを取り除いてみじん切りにする。
2 ボウルに1とAを入れ、混ぜあわせる。
3 卵を割り、卵黄2個は取りおき、卵黄1個と卵白3個分を2に加えて混ぜる。Bを混ぜる。
4 茶わんの内側にサラダ油をぬり、3を半量ずつ流し入れる。蒸気のあがった蒸し器に入れ、弱火で15分蒸す。
5 3で取りおいた卵黄2個にごま油を加え混ぜる。
6 4に火が通ったら（卵液がふっくらと膨らみ、竹串を刺すと透明な肉汁が出る状態）、取り出して5を表面に薄くぬる。蒸し器に戻し、約3分蒸し、ふたをはずしてさらに1分蒸す。表面にぬった卵黄がかたまってツヤが出てきたらできあがり。冷めたら赤唐辛子と香菜を飾る。

Cơm bình dân miền Bắc

北部のコムビンザン

Canh cua mồng tơi カイン クア モン トイ

北部風かに汁

ペースト状にした田がにでだしをとるスープを、ソフトシェルクラブで再現

伊藤 忍

材料 4人分
ソフトシェルクラブ（冷凍）…150〜200g
つるむらさき…1束
水…700cc
酒…大さじ2
塩…小さじ1/4
A
　塩…適量
　グラニュー糖…1つまみ

1 ソフトシェルクラブは冷蔵庫で解凍する。水洗いしてキッチンペーパーで水気を拭く。ガニと腹側の甲羅を取り除き、フードプロセッサーにかけてペースト状にする（P.45 a〜c参照）。
2 つるむらさきは葉と茎に分け、それぞれ食べやすい大きさに切る。
3 **1**のペーストに分量の水を混ぜて溶き、漉す（P.45 d参照）。鍋に入れ、酒と塩を加えて火にかける。沸騰してかにの身が浮いてきたら、火を弱めて2〜3分煮る。
4 かにの身がかたまったらAを加え、**2**のつるむらさきの茎と葉を順に加えてさっと煮る。

Canh hến thì là カイン ヘン ティー ラー

しじみとディルのスープ

しじみの旨みとトマトの酸味、ディルの風味が印象的な味わい

鈴木珠美

材料 4人分
しじみ…500g
しょうが（薄切り）…1片分
水…1000cc
A
　にんにく（みじん切り）…2g
　赤玉ねぎ（みじん切り）…10g
サラダ油…大さじ1/2
トマト（くし形切り）…1個分
B
　ヌックマム…大さじ1と1/3
　塩…小さじ1
　グラニュー糖…2〜3つまみ
ディルの葉（幅1cmに切る）…1/2パック分

1 しじみは殻をこすりあわせ、流水で洗う。
2 鍋にしじみ、しょうが、分量の水を入れて火にかける。しじみの殻が開いたらアクをとり、火を止める。しじみを取り出し、身を殻からはずす。
3 別鍋にAとサラダ油を入れて炒め、香りがたってきたらトマトを加えて炒める。
4 **3**の鍋に**2**の煮汁としじみの身を加えて火にかける。煮立ったらBで味つけし、ディルの葉を加える。

Sườn rán chua ngọt スーン ザン チュア ゴット

カリカリスペアリブの甘酢あえ

やわらかく煮たスペアリブをカリカリに揚げ、唐辛子入りの甘酢をからめる

足立由美子

材料 4人分
豚スペアリブ（7〜8cm幅）…8本（約900g）
A
　水…2000cc
　細ねぎの白い部分（叩く）…1本分
　しょうが（皮付き）…1片
揚げ油…適量
B
　グラニュー糖…大さじ6
　水…大さじ2
　ヌックマム…大さじ5
　米酢…大さじ2
　シーズニングソース…大さじ1/2
黒こしょう、赤唐辛子（斜め切り）…各適量

1 スペアリブをさっとゆでて、表面の色が変わったら水にとって洗う。別の鍋にAとともに入れて沸かし、火を弱める。アクをとりながら40〜50分煮込む。スペアリブはザルにあげて水気を拭く。
2 180℃の油で**1**のスペアリブをカリッとするまで

揚げる。

3 Bのグラニュー糖と水をフライパンで温める。グラニュー糖が溶けたらそのほかの材料を加える。軽く煮つめたら黒こしょうと赤唐辛子を加え、スペアリブを入れてからめる。

Gà hầm hạt sen ガー ハム ハット セン
鶏とはすの実の煮こみ

鶏はほろほろ、はすの実とれんこんはほくほく。しみじみとしたおいしさ

伊藤 忍

材料 4人分
はすの実(乾燥)…50g
熱湯…800cc
鶏もも肉
…1枚(350g前後)
A
ヌックマム…小さじ1
グラニュー糖
…小さじ1/3
黒こしょう…少量
赤わけぎ(みじん切り)
…2~3個分
れんこん*1…200g
きくらげ(乾燥)*2
…5~6枚
B
ヌックマム…大さじ1
塩…適量
グラニュー糖
…小さじ1/2
黒こしょう…少量
細ねぎ(ざく切り)
…2~3本分

＊1:厚さ5mmの輪切りか半月切りにし、水にさらす。
＊2:約半日浸水させてもどし、石づきを取り除いて一口大にちぎる。

1 鍋にはすの実の約3倍量の湯(分量外)を沸かし、火を止めてはすの実を入れる。ふたをして、一晩おく。

2 1を1回ゆでこぼし、はすの実をすぐに鍋に戻す。分量の熱湯を入れてやわらかくなるまで弱火でゆでる。食べてみて、くりのようにホクホクとしていればゆで上がり。実とゆで汁に分け、ゆで汁は水を足して800 ccにする。

3 鶏肉は脂を切りはなし、取っておく。肉は2cm角に切り、Aをからめる。

4 鍋に3の脂を入れて弱火でしばらく熱して脂を溶かす(脂が少ない場合はサラダ油を足す)。

5 赤わけぎを入れて炒め、香りがたってきたら3の鶏肉を入れて炒める。鶏肉の表面の色が変わったら、2のゆで汁とれんこんを加えて沸かす。弱火にしてアクを取り、れんこんがホクホクにやわらかくなるまで約20分煮る。

6 2のはすの実、きくらげを加えてひと煮立ちさせ、Bを加える。細ねぎを加えて火を止め、器に盛る。

Thịt kho xì dầu ティット コー シー ザウ
豚肉と卵の煮もの(醤油風味煮)

シーズニングソースを使う豚の角煮。中国の影響が色濃い仕立て

伊藤 忍

材料 4人分
豚かたまり肉(ばら、肩ロースなど)…400~500g
A
シーズニングソース
…大さじ2
きび砂糖…大さじ2
黒こしょう…小さじ1/2
しょうが(薄切り)…1片分
赤わけぎ(薄切り)2個分
ゆで卵…4個
サラダ油……適量
B
シーズニングソース
…大さじ1
きび砂糖…約大さじ2
オイスターソース
…大さじ2
フライドオニオン
…適量

1 豚肉は4~5センチ角に切って鍋に入れ、Aをまぶす。時々返しながら約30分おく。

2 中火にかける。調味料が沸いたら、焦げないように火の強さを調節しながら、豚肉の表面に火を通し、調味料を豚肉にからめる。

3 調味料が煮つまってきたら、水をひたひたに加えて沸かす。弱火にして、ふたをし、約30分煮る。

4 ゆで卵は竹串で表面にいくつか穴をあけておく。揚げ鍋や小さなフライパンなどに1センチほど油を入れて中温に熱し、ゆで卵を入れて箸などで転がしながら揚げる。

5 3にBを加えて味をととのえる。4のゆで卵を加えて中火で煮汁を煮つめながら約10分煮る。器に盛り、フライドオニオンを散らす。

Cá om dưa カー オム ズア

魚の高菜、トマトソース煮

カリッと揚げ焼きにした魚を、トマトと高菜の漬けものを加えた煮汁でさっと煮る

伊藤 忍

材料 4人分
高菜漬け（タイ産）…150g
白身魚（さわらやめかじきなど）…4切れ
A
ヌックマム…少量
黒こしょう…少量
細ねぎ…3～4本
トマト…小2個
サラダ油…適量
にんにく（みじん切り）…1片分
水…100cc
B
ヌックマム…大さじ1と1/2前後
グラニュー糖…小さじ1/2
黒こしょう…少量
ディル（ざく切り）…適量

1 高菜漬けはさっと水洗いして、食べやすい大きさに切る。たっぷりの水に約15分浸し、塩抜きする。水気を絞る。白身魚は水気をキッチンペーパーで拭き、食べやすい大きさに切る。Aをからめ、約10分おく。細ねぎは青い部分は小口切りに、白い部分はみじん切りにする。トマトは横半分に切り、種を除いてから6つ割りにする。
2 フライパンに鍋底をひたすくらいのサラダ油を熱し、1の魚を入れ、揚げ焼きにする。両面に揚げ色がついたら、取り出して油をきる。フライパンに残った油は、大さじ2程度を残して捨てる。
3 2のフライパンににんにくと2の細ねぎのみじん切りを入れて火にかけ、炒める。香りがたってきたら1のトマトを加える。トマトの皮がめくれてきたら、1の高菜漬けを加える。高菜漬けの水気が飛んで油がからんだら、分量の水を加えて沸かす。弱火にして2～3分煮て、Bを加える。2の魚を加え、ふたをして2～3分蒸し煮にする。
4 器に盛り、ディルと1の細ねぎの青い部分を散らす。

POINT

日本の高菜の醤油漬けを使う場合は、水をかえながら一晩塩抜きし、Bの調味料は煮汁の味をみて、量を調整してください。

Bắp cải luộc chấm nước mắm dầm trứng バップ カイ ルウック チャム ヌック マム ザム チュン

ゆでキャベツ ゆで卵入りヌックマムだれ

ゆで卵をつぶして調味料と混ぜてつくるたれに、ゆでたキャベツをつけて食べる

鈴木珠美

材料 3～4人分
キャベツ…1/2個
A
ヌックマム…大さじ2
水…大さじ2
グラニュー糖…3つまみ
かたゆで卵…1個

1 キャベツは大きめにざく切りし、さっとゆでる。シャキシャキ感が残るようにし、ゆですぎないこと。
2 小皿にAを入れ、スプーンでゆで卵をくずし、よく混ぜる。
3 キャベツを2につけて食べる。

Đậu phụ rán tẩm hành ダウ フー ザン タム ハン

揚げ豆腐のヌックマムびたし

カリッと揚げた厚揚げを、細ねぎ入りのヌックマムだれで揚げびたしに

足立由美子

材料 4人分
厚揚げ…1枚
細ねぎ（小口切り）…大さじ2
熱湯…100cc
ヌックマム…大さじ1弱
グラニュー糖…大さじ1
赤唐辛子（みじん切り）…適量
揚げ油…適量

1 厚揚げは8等分に切る。
2 耐熱容器に細ねぎを入れ、熱湯を注ぐ。ヌックマムとグラニュー糖を加え、混ぜてグラニュー糖を溶かす。好みで赤唐辛子を加える。
3 170℃に熱した油で1を表面がカリカリになるまで揚げる。揚げたてを2に入れ、味をしみこませる。

Rau cần xào thịt bò
ザウ カン サオ ティット ボー

せりと牛肉の炒めもの

香り高いせりを牛肉とトマトとともにシンプルな味つけの炒めものに

伊藤 忍

材料 4人分
牛切り落とし肉…100g
A
ヌックマム…小さじ1/2
グラニュー糖…1つまみ
黒こしょう…少量
せり…120g
トマト…中1/4個
サラダ油…大さじ2
にんにく(みじん切り)…1片分
B
ヌックマム…小さじ2
グラニュー糖…小さじ1/2
黒こしょう…少量
香菜(粗くきざむ)…適量

1 牛肉は食べやすい大きさに切り、Aをからめる。せりは長さ4〜5cmに切り、トマトはくし形切りにする。
2 フライパンにサラダ油とにんにくを熱し、香りがたってきたら1の牛肉を入れて色が変わるまで炒める。1のトマトを加え、トマトの皮がめくれてきたら1のせりも加え、サッと炒めてBを加える。器に盛り、香菜を散らす。

地方によってちがう、家庭料理「カー コー トー」の味

鈴木珠美

ベトナムの国土は南北に長く、地方によって気候がちがえば、料理もちがいます。たとえば、家庭料理の定番であるカーコー(魚の煮つけ・P.81)を土鍋でつくる「カー コー トー(Cá kho tộ)」。下味をつけた魚をヌックマム、砂糖、カラメルソース、香味野菜で甘じょっぱく煮るのがベーシックなつくり方ですが、北部、中部、南部では使う材料やつくり方がちがいます。

北部ではにんにく、しょうが、南姜(P.147)、レモングラスなどの香味野菜をたっぷりと使い、仕上げには黒こしょうをふります。

中部ではこってりと仕上げることが多く、魚は脂ののったものを使い、煮汁に豚ばら肉や粉唐辛子を加えます。

南部では煮汁にココナッツジュースを用いることが多く、香味野菜にはにんにくと赤わけぎ(P.147)を使います。また、黒こしょうと赤唐辛子をたっぷり入れて、ぴりっとした辛みをしっかりきかせます。

どんなつくり方をするにしても、おいしくつくるコツは、一番搾りの極上のヌックマム(P.145)を使うこと。煮汁ごとごはんにかけて食べると本当においしく、煮汁だけでも何杯でもごはんが食べられるおいしさです。

Bia hơi

ビアホイとは、昔ながらの ベトナムの生ビール

I

ビアホイを出す店を「クァン ビアホイ（Quán bia hơi）＝ビアホイ屋」といいます。この章にのせたのはビアホイ屋でだされている料理の数々です。ビアホイ屋はメニューが多いのが特徴で、軽いつまみからきちんとした料理、鍋まで幅広くそろえている店がほとんど。お酒が好きな人ならば晩ごはんはビアホイ屋に行けば事足ります。

A

ビアホイ屋には、ビンザン食堂にもあるような白いごはんにもあうおかずをはじめ、さまざまなつまみがそろっています。ビアホイ屋に行くとき、わたしは「あの店のスペアリブが食べたい」という風にその店ならではの名物が食べたくて店を選びます。店の前の路上に客席を出す店も多く、夜空の下で味わう薄いビールとクセになるつまみの取りあわせは最高です。ビアホイ屋の魅力は、味、雰囲気、店の人のキャラクター、そういうものすべてをふくめたものだなあと思います。

S

わたしはお酒が飲めないのですが、ベトナムに留学していた頃は、晩ごはんを食べにお酒飲みの友人たちとよくビアホイ屋に行っていました。白いごはんはありませんが、ごはんにあいそうなおかずがたくさんあります。ベトナムの飲食店はどこも持ち込みができるので、近所のジュース屋からシントー（フルーツジュース）やさとうきびジュースを取り寄せたり、お茶屋からお茶を買って、ビアホイ屋の料理と一緒に楽しんだりしていました。

SPECIAL

Phô mai que フォ マイ クエ
チーズスティックフライ

プロセスチーズを棒状に切り、衣をつけてフライに。ホットチリソースを添える

足立由美子

材料 4人分
プロセスチーズ…150g
薄力粉…大さじ4
片栗粉…大さじ4
水…大さじ5
パン粉…40～50g
揚げ油…適量
ホットチリソース…適量

1 チーズは8等分の棒状に切る。
2 薄力粉と片栗粉は混ぜ、分量の水を加えて溶く。
3 パン粉は手で細かくくだく(ビニールに入れてつぶしてもよい)。
4 1を2にくぐらせ、3をまぶす。170℃の油で、表面がカリッとするまで揚げる。好みでホットチリソースをつけて食べる。

Tôm chiên muối sả
トム チン ムイ サー
えびの米粉揚げ レモングラス風味

レモングラスで香りづけした油でえびを揚げ、カリカリのレモングラスをからめる

鈴木珠美

材料 2～3人分
レモングラス(みじん切り)…20g
サラダ油…大さじ4
有頭えび…10尾
米粉…適量
揚げ油…適量
塩…1g

1 小さめのフライパンにレモングラスとサラダ油を入れて火にかける。レモングラスがほんのりと色づいたら、目の細かいざるで漉し、レモングラスと油に分け、それぞれ取りおく。
2 有頭えびは竹串などで背わたを取り、米粉を薄くまぶす。
3 フライパンに揚げ油と1の油を入れて160℃に熱する。2を香ばしい色がつくまで揚げる。
4 別のフライパンに1のレモングラスと塩を入れて混ぜ、火にかける。3をからめる。ライム(分量外)を添え、好みで絞って食べる。

Mề gà xào gừng メー ガー サオ グン
砂肝のしょうが炒め

コリコリとした食感の砂肝を、しょうがと炒めてさっぱりとしたつまみに

伊藤 忍

材料 4人分
砂肝…250g
酒、米酢…各大さじ1
A
シーズニングソース…大さじ1
オイスターソース…大さじ1
グラニュー糖…小さじ1
米酢…小さじ1/2
塩…少量
細ねぎ…4本
サラダ油…大さじ2
にんにく(薄切り)…1片分
しょうが(細切り)…1/2片分
玉ねぎ(くし形切り)…1/4個分
赤唐辛子(輪切り)…1本分
黒こしょう…少量

1 砂肝は薄皮を取り除き、厚さ5mmに切って水洗いする。酒と米酢を加えた熱湯でゆでて火を通し、冷水に取ってサッと洗う。キッチンペーパーで水気を拭く。Aは材料をすべて混ぜあわせる。細ねぎは青い部分はざく切りに、白い部分は包丁の腹でつぶしてみじん切りにする。
2 フライパンにサラダ油、1の細ねぎのみじん切り、にんにく、しょうがを入れて熱し、香りがたったら1の砂肝を入れて炒める。
3 砂肝に油がまわったら、1枚ずつほぐした玉ねぎ、赤唐辛子、Aを入れて、調味料をからめながら炒める。1の細ねぎのざく切りを入れてざっと混ぜ、黒こしょうをふる。

Gà luộc lá chanh ガー ルウック ラー チャイン

ゆで鶏

柑橘の葉のさわやかな香りをまとわせ、塩こしょうライムだれを添える

足立由美子

材料　2～3人分

A

- 鶏もも肉…1枚（約300g）
- 細ねぎ（白い部分を叩く）…3～4本分
- しょうが（スライス）…1片分
- 塩…小さじ1
- 水…400cc

こぶみかんの葉*…8枚

たれ

- ヌックチャムB（P.151）…適量
- こぶみかんの葉*…3～4枚分

塩こしょうライムだれ（P.52）…適量

赤唐辛子（斜め切り）…1本

＊：すじを取り除き、せん切りにする。

1 鍋にAを入れて火にかける。沸いたら火を弱めてアクをとり、約20分ゆでる。肉に火が通ったら火を止め、ゆで汁に浸したまま冷ます。

2 1を幅約1cmに切る。皿に盛り、こぶみかんの葉をのせる。たれの材料を混ぜて小皿に入れ、赤唐辛子を入れた塩こしょうライムだれとともに添える。肉を好みのたれにつけて食べる。

Nghêu xào sa tế ゲウ サオ サー テー

あさりのサテー炒め

サテーはレモングラス入りのチリオイル。汁にパンを浸せば、最高のつまみに

足立由美子

材料　4人分

にんにく（みじん切り）…1片分

サラダ油…大さじ1

あさり*…20個

水…大さじ1

A

- ヌックマム…小さじ1/2
- グラニュー糖…小さじ1/2
- サテー（P.112）…小さじ1/2

有塩バター…20g

黒こしょう…適量

細ねぎ（小口切り）…大さじ1

フランスパン…適量

＊：殻をこすり合わせて洗い、砂抜きする。

1 フライパンににんにくとサラダ油を熱し、香りがたってきたらあさりを加える。ひと混ぜして分量の水を加え、ふたをする。あさりの殻が開いたらふたを取り、Aを加える。バターを加え、溶けたら火を止める。

2 皿に盛り、黒こしょうと細ねぎをふる。フランスパンを添え、好みで汁につけながら食べる。

Khổ qua chà bông コー クア チャー ボン

ゴーヤのでんぶのせ

スライスしたゴーヤに肉でんぶをのせる。冷やして食べるベトナムの新しいつまみ

伊藤 忍

材料　4人分

ゴーヤ…1本

クラッシュアイス…適量

鶏のでんぶ（P.101）…できあがりの約1/4量

たれ

- 湯…大さじ1と1/3
- グラニュー糖…小さじ2
- ヌックマム…小さじ2
- レモン汁…小さじ2
- にんにく（みじん切り）…小さじ1/2
- 赤唐辛子（輪切り）…適量

1 ゴーヤは3～4つに切り、スプーンでわたを除き、厚さ5mmに切る。

2 器にクラッシュアイスを敷き、ラップをかぶせる。ラップの上に1を並べ、鶏のでんぶをのせる。

3 たれをつくる。湯にグラニュー糖を混ぜて溶かし、残りの材料を加える。2にかけて食べる。

Lạc rán ラック ザン
揚げピーナッツ

定番のつまみ。にんにくの香りをまとったカリカリピーナッツがビールにあう

鈴木珠美

材料　つくりやすい分量
ピーナッツ…100g
にんにく…1片
揚げ油…適量
塩…適量

1 揚げ鍋にピーナッツ、包丁でつぶしたにんにく、揚げ油（常温のもの）を入れて火にかける。15～20分ほどかけてゆっくりと温度を上げながら揚げる。にんにくは焦げそうになったら取り出す。
2 最後に油を170℃に熱し、ピーナッツの表面をカリッとさせる。油をきり、塩をふる。

Nghêu nướng mỡ hành ゲウ ヌン モー ハン
はまぐりの ねぎ油ピーナッツのせ

蒸したはまぐりに、こうばしいピーナッツと香り豊かなねぎ油をかける

足立由美子

材料　2～3人分
はまぐり…12個
ピーナッツ…大さじ2
酒…大さじ2
ねぎ油…P.151の掲載全量

1 はまぐりは殻をよく洗い、砂抜きする。ピーナッツはフライパンで軽く煎ってきざむ。
2 フライパンにはまぐりと酒を入れ、ふたをして蒸す。
3 はまぐりの殻が開いたら皿に盛り、ねぎ油とピーナッツをかける。

Mực hấp bia ムック ハップ ビア
いかのビール蒸し

いかをたっぷりの香味野菜、ビールとともに蒸して、ビールのつまみにする

足立由美子

材料　2～3人分
A
- ビール…160cc
- 玉ねぎ（薄切り）…1/2個分
- しょうが（せん切り）…1片分
- ガーリックオイル（P.81）…小さじ1

やりいか（幅1cm弱の輪切り）…180g～200g
赤唐辛子（斜め切り）…1本分
細ねぎ（長さ3cmに切る）…3～4本分
塩こしょうライムだれ（P.52）…適量

1 鍋にAを入れて沸かし、いかと赤唐辛子を加える。ふたをして2～3分蒸し煮にする。
2 アルコール分が飛んだら、火を止めて軽く混ぜ、細ねぎを加えてざっと混ぜ、器に盛る。
3 塩こしょうライムだれを添え、つけて食べる。

ベトナムのビール事情

足立由美子

ベトナム人はビールが大好き

ベトナムではアルコール消費量の97%をビールが占めるという統計を見たことがあります。それくらい、ベトナムではお酒といえばビール。居酒屋でも結婚式や宴会でもテーブルの横にビールのケースが積まれ、お客はそれをセルフサービスで取って飲みます。

ビアホイ屋は昔ながらの居酒屋

ベトナムのビールといえば、やはりビアホイ。ビアホイはアルコール度数が3%前後と低く、氷を入れて飲むこともある生ビールです。ビアホイを出す店は庶民的な居酒屋がほとんどで、揚げたピーナッツ、ゆでた豚耳、えびの米粉揚げ（P.94）やポテトフライ、ゴーヤのでんぶのせ（P.95）など、店によって品ぞろえに差はありますが、たくさんの種類のつまみをそろえているところが多いです。夕方になると、店の前の路上にイスを並べて客席にする光景がよく見られます。持ち込みは、ノープロブレム。路上でちょっとしたつまみを売り歩く人からうずらのゆで卵やするめいかを買い、一緒に楽しむこともできます。ビアホイは安くてアルコール度数も低いので、ビアホイ屋では常にあちらこちらで「おかわり！」の声が。また、何度も乾杯するのがベトナムの飲み会の特徴。話の途中で、急に乾杯するのでびっくりしますが、あちらではごく当たり前のことです。

メイド イン ベトナムのクラフトビール

そんな昔ながらの居酒屋が健在である一方、いまベトナムで大流行しているのがクラフトビール。醸造所は全国にあり、欧米の大会で賞をとるところも。ピルスナー、ペールエール、IPA、スタウトのほか、フォービールといって牛肉のフォーのスープに使うシナモンやしょうがなどのスパイスで香りづけしたもの、ジャスミンの香りのものなどもあります。また、さまざまなフルーツがとれるとあって、フルーツを使ったビールも多く、近年ビーントゥーバー チョコレートの生産が盛んな国だけにチョコレート味のビールなども。ブリュワリーの直営店や、さまざまな醸造所のクラフトビールを生で飲ませるクラフトビール専門のバーもあります。昔ながらのビアホイ屋とスタイリッシュなクラフトビール専門店、どちらも楽しめるのがいまのベトナムなのです。

Gỏi, Nộm

南部ではゴイ。北部ではノム。どちらもサラダやあえもののこと

ゴイ（Gỏi）とノム（Nộm）は野菜などを調味料であえてつくる料理のこと。日本語に訳すならあえものやサラダとなります。週末などの時間があるときや、おもてなし料理の前菜としてつくられます。あえものの味を決めるのは何といっても下ごしらえ。素材ひとつひとつに味つけし、あえてつくるため、手間をかければかけるほどおいしくなります。レストランでも食べられますが、忙しい飲食店でささっとつくられたものにくらべ、家庭でていねいにつくられたものは格別なおいしさです。

レストランに行くと、必ずゴイやノムを頼みます。からっと揚げたえびせんに、甘酸っぱいサラダをのせて食べるというスタイルが大好きです。空心菜の茎をさいて生で食べたり、はすの茎を使ったり、つくづく独特な料理だなあと思います。ベトナムで料理を習っていたときに一番びっくりしたのは、大根やにんじんを砂糖でもんでしんなりさせるという手法。いまだにそのときの驚きは忘れられません。

ベトナム料理は塩気、甘味、酸味、苦み、辛み、香り、色あい、食感など、さまざまな要素を兼ねそなえるのをよしとしますが、ゴイやノムはそうしたベトナム料理の考え方がひと皿に盛り込まれた料理。必ず香草が入り、食べると「ああ、そうだ、このサラダはこの香りだった」と思います。

Nộm rau cần ruốc

ノム ザウ カン ズック

せりとでんぶのあえもの

伊藤 忍

香りのよい生のせりを旨みたっぷりの鶏でんぶ、ごま、ピーナッツとともにたれであえる

材料　4人分
せり…150g
たれ
- 湯…大さじ1
- グラニュー糖…大さじ
- ヌックマム…大さじ1
- 米酢…大さじ1/2
- にんにく（みじん切り）…1/2片分
- 赤唐辛子（みじん切り）…適量

鶏のでんぶ
…右ページのできあがりの約1/4量
白ごま…大さじ2
ピーナッツ（くだく）…大さじ2

1 せりは長さ4㎝に切ってボウルに入れ、塩2つまみ（分量外）をまぶし、4～5分おく。水洗いして塩気を落とし、水気をきる。

2 たれをつくる。湯にグラニュー糖を溶かし、ほかの材料を加える。

3 ボウルに**1**の水気を絞って入れ、たれの半量を加えて和える。残りのたれは、各自が取り分けてから好みで足す。

4 器に**3**を盛り、鶏のでんぶをのせる。白ごまとピーナッツを散らす。**3**で残しておいたたれに水大さじ1（分量外）を加えて添える。卓上であえてから食べる。

Ruốc gà (Chà bông gà)

ズック ガー（チャー ボン ガー）

鶏のでんぶ

材料　つくりやすい分量

鶏むね肉（皮なし）…2枚（500〜600g）

A

- 赤わけぎ（みじん切り）…2個分
- ヌックマム…大さじ4
- グラニュー糖…大さじ5

1 鶏肉は筋の入っているところから膜にそって大小2つに切り分ける（a）。大きい方は半分にそぎ切りにし、さらに3つに切り分ける。

2 ビニール袋に**1**と A を入れてよくもみ、空気を抜いてビニール袋の口を結ぶ（b）。3〜4時間おく。

3 鶏が重ならない大きさの鍋に**2**を漬けだれごと入れ、ひたひたの水（分量外）を加える。沸かしてふたをし、弱火で約10〜15分蒸し煮にする。ふたを取り、弱火でさらに約5分煮る。煮汁に浸したまま冷ます（c）。

4 **3**の汁気をキッチンペーパーで拭き、細くさく（d）。ザルにこすり付け、毛羽だたせる（e）。写真fの左がこすりつける前、右が後。

5 **4**をテフロン加工のフライパンに入れて火にかけ（油はひかない）、木ベラで混ぜながら弱火でからからになるまで炒る（g）。バットに移し、広げて冷ます。保存用袋などに入れて、冷蔵庫で保存する。

POINT

このあえものは北部料理です。ベトナムではたれは小皿に入れ、各自がたれをつけて食べますが、なれないとつけすぎるので、かけて混ぜるレシピにしました。
肉のでんぶはお粥やおこわ、ごはんにかけたり、バゲットにはさんでシーズニングソースをふり、バインミーにしたりします。この料理や「ゴーヤのでんぶのせ」（P.95）のように野菜にかけることもあります。でんぶはつくるのに時間がかかりますが、冷蔵保存可能で、上記のようにさまざまな使いみちがあります。ベトナムでは市販もされています。

a.　b.

c.　d.

e.　f.

g.

Cuốn diếp
クーン ユイップ

野菜春巻き

鈴木珠美

ゆでたえびや豚肉、ハーブを葉野菜で巻くフエ料理。ベトナムではからし菜を使うことも

材料　6本分
サンチュ…6枚
豚しゃぶしゃぶ用肉…120g
えび…6尾
きゅうり…1本
細ねぎ…1/3束分＋6本
大葉…12枚
ヌックチャムC（P.151）…適量
豆板醤マヨネーズ＊
豆板醤…小さじ1/2
マヨネーズ…大さじ4

＊：材料を混ぜる。

1 サンチュは巻きやすいように中央の太いすじを親指でつぶす（a）。
2 豚肉はさっとゆがき、色が変わったら氷水にとり、水気を拭く。えびは背わたを取り、まっすぐな形にゆで上がるよう、竹串を刺す。ゆでて、ゆで汁につけたまま冷ます。きゅうりは長さ12cmに切り、縦8分割する。細ねぎ1/3束も長さ12cmに切る。細ねぎ6本はさっとゆでる。
3 サンチュに大葉2枚、きゅうり2切れ、細ねぎ3～4本をのせる。その上にえびと豚肉をのせる（b）。
4 具材を手で押さえながら、手前からくるくると巻く（c~d）。
5 ゆでた細ねぎ2本で結ぶ。結び目を2回つくるとしっかりとまる（e）。余分な細ねぎは調理バサミで切る。皿に盛り、ヌックチャムと豆板醤マヨネーズを添える。

a.　b.

c.　d.

e.

POINT

中部フエのおもてなし料理です。ホーチミンのフエ料理レストランではからし菜で巻くことも多いです。ベトナムでは味噌だれで食べますが、コクのあるマヨネーズや、さっぱりとしたヌックチャムともよくあいます。

Gỏi rau muống thịt bò

牛肉と空芯菜のサラダ

レシピ⇒ P.106

鈴木珠美

Gỏi bưởi

ざぼんと切りいかのサラダ

レシピ⇒ P.106

足立由美子

Gỏi đu đủ tôm

青パパイヤとゆでえびのサラダ

レシピ⇒ P.107

鈴木珠美

Gỏi măng

炒めたけのこのサラダ

レシピ⇒ P.107

鈴木珠美

Gỏi rau muống thịt bò
ゴイ ザウ ムン ティット ボー

牛肉と空芯菜のサラダ
鈴木珠美

空心菜の茎を細くさき、しゃぶしゃぶにした牛肉とあえる。生の空心菜のしゃきしゃき感が楽しい

材料 2人分
牛しゃぶしゃぶ用肉…150g
空芯菜…1束分
クレソンの葉…1束分
赤玉ねぎ（薄切り）…1/6個分
サニーレタス（一口大に切る）…大2枚分
香菜ジェノベーゼ*…適量
ピーナッツ、フライドオニオン…各適量

*：香菜の茎80g、ピーナッツ20g、米油150ccをフードプロセッサーにかけ、なめらかになったらヌックチャムC（P.151）200cc、を混ぜる。

1 牛肉はさっとゆがいて氷水にとり、しゃぶしゃぶにする。空芯菜は葉をはずし、茎を空芯菜カッターで細くさく（なければ包丁か針でさく）。空芯菜、クレソンの葉、赤玉ねぎ、サニーレタスはそれぞれ冷水に浸してパリッとさせてから、水気を拭く。
2 1をボウルに入れる。香菜ジェノベーゼをまわしかけて手で和える。器に盛り、ピーナッツとフライドオニオンをふる。

POINT

空心菜と牛肉は相性のよい組み合わせ。ホーチミンのレストランでは、空心菜と牛肉のあえものをよくみかけます。ベトナムでは細くさいた空心菜を市場で売っていて、麺のトッピングやサラダ、あえものによく使います。ここでご紹介している香菜ジェノベーゼはオリジナルレシピのドレッシングです。

Gỏi bưởi
ゴイ ブイ

ざぼんと切りいかのサラダ
足立由美子

さっぱりジューシーな柑橘にいかの旨み、フライドオニオンやピーナッツの油分をあわせる

材料 4人分
たれ（つくりやすい分量）
- グラニュー糖…大さじ1
- 湯…大さじ2
- ヌックマム…大さじ1
- にんにく（みじん切り）…小さじ1/2
- 赤唐辛子（みじん切り）…少量

ざぼん…300g（約1個分）
切りいか…10g
ピーナッツ（きざむ）…大さじ1強
フライドオニオン、香菜…各適量
えびせん（またはごま入りライスペーパー）…適量

1 たれをつくる。グラニュー糖を湯に溶かし、残りの材料を加える。
2 ざぼんは皮をむき、食べやすい大きさにほぐす。
3 切りいかはほぐし、はさみで小さめにきざむ。
4 ボウルに2、3、たれ大さじ2～3を入れて混ぜ、皿に盛る。ピーナッツ、フライドオニオン、香菜をのせる。揚げたえびせんやごま入りライスペーパーを添え、サラダをのせて食べる。

POINT

ざぼんが手に入らなければ、文旦、メローゴールド、晩白柚（ばんぺいゆ）など、粒のしっかりとした柑橘を使うとよいです。

Gỏi đu đủ tôm

ゴイ ドゥードゥー トム

青パパイヤとゆでえびのサラダ

鈴木珠美

しゃきしゃきのパパイヤとしっとりゆでたえびをたれであえ、ぱりぱりのえびせんにのせて食べる

材料　2人分
青パパイヤ…100g
えび…4尾
えびせん（ベトナム産）*…10枚
揚げ油…適量
香菜（みじん切り）…10g
スペアミント、フライドオニオン、ヌックチャムC（P.151）…各適量

*：タイのえびせんはスパイシーな味がついているが、ベトナム産はついていない。低温で揚げるとふわっとふくらまないが、油の温度が高すぎると焦げてしまう。試しに1枚揚げてみて、ふわっとふくらんで浮き上がる温度で揚げる。

1 青パパイヤはスライサーでごく細いせん切りにする。水にさらし、水気をきる。えびは背わたを抜いてゆで、半割りにする。えびせんは170℃の油で揚げる。

2 青パパイヤと香菜を混ぜて器に盛り、えびをのせる。スペアミントとフライドオニオンをのせ、ヌックチャムとえびせんを添える。ヌックチャムを好みの量かけて混ぜ、えびせんにのせて食べる。

POINT

細くせん切りにできるスライサーがない場合は、包丁でせん切りにして重量の3%の塩をまぶし、汁気がでてきたら水洗いして絞ります。

Gỏi măng

ゴイ マン

炒めたけのこのサラダ

鈴木珠美

細切りたけのこと豚肉のあえもの。細く切った柑橘の葉をたっぷり入れ、香り高く仕上げる

材料　2人分
豚肩ロース薄切り肉（幅5㎜に切る）…100g
A
- ヌックマム…小さじ1/2
- グラニュー糖…2つまみ
- 黒こしょう…少量

たけのこ（水煮・せん切り）…90g
B
- 米油…大さじ1
- にんにく（みじん切り）…小さじ1/2
- 赤玉ねぎ（みじん切り）…大さじ2

C
- シーズニングソース…小さじ1
- ヌックマム…小さじ1
- グラニュー糖…小さじ1/2
- 白煎りごま…大さじ2
- こぶみかんの葉*[1]…5枚

赤唐辛子…1本
黒ごま入りライスペーパー*[2]…1/2枚

*1：すじを取り除き、せん切りにする。
*2：170～180℃で揚げる。手に入らなければえびせんで代用可能。

1 豚肉はAで下味をつける。たけのこはゆでこぼす。
2 フライパンにBを入れて火にかけ、香りがたってきたら、1の豚肉を加え、火が通るまで炒める。
3 たけのこを加えて炒めあわせ、Cを順に加える。
4 器に盛り、赤唐辛子をのせ、黒ごまライスペーパーを添える。ライスペーパーにのせて食べる。

POINT

柑橘の葉のさわやかな香り、たけのこのしゃきしゃき感、豚肉の旨みと、黒ごま入りライスペーパーのこうばしさがよくあいます。

Lẩu

暑くても、寒くても鍋

ベトナムの鍋料理　おいしさのポイント

Point. 1

野菜はさっと煮る

野菜はさっと煮て、香りや食感も楽しみましょう。

Point. 2

ブンは鍋の中には入れない

米麺であるブンを具材として使うときは鍋の中には入れず、各自の椀にとり、スープをかけて食べます。

Point. 3

具はたれにつけて食べる

スープにも味はついていますが、たれを添え、具材をつけて食べます。

南部の暑い地方でも屋外でわいわいとにぎやかに鍋をつつく姿が一年中みられます。わたしが好きな鍋は北部の鶏ともち米酒の鍋（P.114）やきのこ鍋（P.110）、トムヤムクンに似たスープで具材を煮るベトナムスタイルのタイ鍋です。これらはわたしも店で出していて、冬になると全テーブルで鍋を食べていることもめずらしくありません。

ベトナムに行くと、よく鍋を食べに行きます。レストランにもビアホイ屋にもあるのが鍋料理。地方ごとにちがう鍋があり、北部に行くと田がにの鍋、南部ではマム（魚介の発酵調味料）の鍋などを食べます。鍋を食べるときに楽しいのは、麺を選ばせてくれる店が多いこと。バイン ダー ドー（Bánh đa đỏ ）というサトウキビの汁を加えた茶色い米麺や中華麺のミー（Mì）、インスタント麺であるミー ゴイ（Mì gói）を入れるのが好きです。

専門店に食べに行ったり、飲みに行くときに食べるものです。家庭で食べるというよりは外食するものという印象があります。おもてなし料理でもあり、結婚式の締めの料理が鍋ということも。鍋だけで一冊本がつくれるくらいの種類があります。

Lẩu nấm
ラウ ナム

きのこ鍋

鈴木珠美

きのこの旨みが溶けだしたスープに味つけし、すりごまやピーナッツなどを加えて、たれとする

材料　4人分
有頭えび…4尾
豚ばらしゃぶしゃぶ用肉…150g
フォー（乾燥）…50g
空芯菜…1束
水菜…1/2束
クレソン…1束
レタス…1/2個
きのこ（約9種）*1…適量
鶏ガラスープ*2…1800cc
A
- 塩…小さじ4
- グラニュー糖…大さじ1

たれ（1人分）
- 白すりゴマ…10g
- ピーナッツ（くだく）…10g
- しょうが（みじん切り）…3g
- にんにく（みじん切り）…1g
- 香菜（みじん切り）…5g
- 赤唐辛子パウダー…少量
- 塩…小さじ1/2
- グラニュー糖…2つまみ

＊1：ここではマッシュルーム（白・ブラウン）、ときいろひら茸、ひら茸、野生種えのき茸、味えのき茸、柳まつ茸、たもぎ茸、花びら茸を使用したが、手に入るものでよい。種類が多いほうがおいしい。
＊2：鶏ガラ2尾分を水からゆでてゆでこぼし、水洗いする。ひたひたの水としょうが（薄切り）1片分とともに鍋に入れて沸かし、弱火にしてアクをとりながら40分煮る。途中、水を足して、ひたひたの状態を保つ。ザルで漉す。

1 有頭えびは頭と殻付きのまま背わたを抜き、まっすぐになるように竹串を刺す。フォーはもどす（P.30参照）。これらを豚肉とともに盛り合わせる（a）。

2 空芯菜と水菜は3等分の長さに切る。クレソン、レタスとともに盛り合わせる（b）。

3 きのこは石づきを切り落とし、食べやすい大きさに切るかほぐす（c）。鍋に鶏ガラスープ、きのこ、Aを入れて沸かし、弱火にして10分煮る。

4 たれの材料を小皿に1人分ずつ入れる（d）。まず、きのこのだしがでたスープをそのまま味わう。次にたれの材料を入れた小皿に鍋のスープを注ぎ（e）、混ぜてたれとする（f）。**1**、**2**をさっと煮て、たれをつけて食べる。しめにフォーを入れ、やわらかくなったら、たれにつけて食べる。

a.　b.

c.　d.

e.　f.

POINT

中国雲南地方のきのこ料理をもとに、ハノイの「アシマ」という店がアレンジした鍋で、あっという間に全国に広まりました。きのこの種類は多いほうがおいしいです。店ではきのこ、そのほかの具材、めんをお客が選んで注文します。

Gà nấu chao

ガー ナウ チャオ

鶏の腐乳煮　鍋仕立て

伊藤 忍

骨付きの鶏肉と根菜を腐乳などで味つけして煮込み、鍋仕立てに。葉野菜をさっと煮る

材料　4人分

A
- 白腐乳…150g
- 酒…大さじ3
- グラニュー糖…大さじ5
- にんにく（みじん切り）…1片分
- 赤わけぎ（みじん切り）…2〜3個分

鶏骨付き肉 *1…800g
さといも…中4個
れんこん…150g
にんじん…100g
空芯菜、春菊、細ねぎ…各適量
サラダ油…大さじ3
にんにく（みじん切り）…1片分
水…1000cc
ブン（乾燥）*2…200g
白腐乳、サテー *3…各適量

*1：骨付き鶏もも肉のぶつ切りか手羽元を使う。
*2：P.30を参考に、ゆでて一口大に丸める。
*3：フライパンにサラダ油大さじ6をひき、レモングラス（みじん切り）大さじ2とにんにく（みじん切り）大さじ2を入れて炒める。香りがたってきて、こうばしく色づいてきたら赤唐辛子（みじん切り）4〜6本分を加え、火を止める。

a.　b.

c.

1　ボウルにAの腐乳を入れて練り、酒を少しずつ加えて溶きのばす。残りの材料を混ぜ、鶏肉を約30分漬けておく。

2　さといもは皮をむいて厚さ2cmに、れんこんは皮をむいて厚さ1cmに切る。それぞれ水にさらす。にんじんは厚さ1cmの飾り切りにする。

3　空芯菜と春菊は葉と茎に分け、それぞれ食べやすい大きさに切る。細ねぎはざく切りにする。

4　鍋にサラダ油半量とにんにくを入れて火にかける。香りがたってきたら、水気をきった**2**のさといもを入れて炒める。油がまわったら取り出す。

5　残りのサラダ油を入れて熱し、**1**を漬けだれごと入れて炒める。鶏肉の表面の色が変わったら分量の水を加えて沸かす。火を弱めてアクをとり、**2**のれんこんとにんじんを入れ、**4**のさといもを戻し入れる。根菜がやわらかくなるまで煮る。

6　**5**を卓上コンロにのせ、**3**とブンを添える。**3**を茎、葉の順に加えてさっと煮る。小皿に白腐乳とサテーを入れ、具材をつけたり(a)、汁に溶き入れたりする。ブンは器にとって具材をのせ(b)、汁をかけて食べる(c)。

POINT

ベトナムではあひるでつくることが多いです。葉野菜はさっと火を通して食べます。卓上で長く加熱するとスープの味が濃くなりすぎるので注意してください。

Lẩu gà rượu nếp

ラウ ガー ズゥオゥ ネップ

鶏ともち米酒の鍋

鈴木珠美

鶏はほろほろ。つゆはほのかに甘い。香菜や万能ねぎをさっと煮て食べる

材料　4人分

骨付き鶏もも肉（ぶつ切り）…900g
しょうが（スライス）…1片分
水…2400cc
ネプ・モイ…400cc
甘酒…800cc
塩…20g
ブン…70g
水菜、細ねぎ、香菜（すべて長さ3〜4cmに切る）…各適量
たれA[*1]…適量
たれB[*2]
- シーズニングソース…適量
- ごま油…適量
- 赤唐辛子パウダー…適量

しょうが（せん切り）…適量

＊1：塩こしょうライムだれ（P.52）にこぶみかんの葉を加えたもの。こぶみかんの葉は、すじを取り除いてせん切りにする。
＊2：材料を混ぜる。

ネプ・モイ。黄色もち米でつくり、フェンネルやシナモンなどを加えたベトナムの焼酎。コクのある濃厚な味わいが特徴。

甘酒。米と米麹でつくられた砂糖無添加のものを使用。

1 鍋に鶏肉を入れ、ひたひたの水（分量外）を加えて火にかける。表面の色が変わったら取り出して水洗いする。

2 別の鍋に**1**、しょうが、分量の水を入れて沸かし、アクをとる。ネプ・モイを入れてひと煮立ちさせ、アルコール分が飛ぶまで弱火で約30分煮る。甘酒を加えてひと煮立ちさせ、塩を加える。

3 ブンはもどしてゆで（P.30参照）、皿に盛る。水菜、細ねぎ、香菜も皿に盛る。たれ2種は1人分ずつ器に盛る。

4 **2**を卓上コンロに移す。**3**の野菜をさっと煮て食べる。鶏肉は好みのたれにつけて食べる（a）。ブンは鍋には入れず、おわんに取って鍋のスープをかける（b）。

a.　b.

POINT

現地では、ベトナム焼酎をつくる過程でできるにごり酒を使います。ここでは、ベトナム焼酎と甘酒を使って本場の味わいを再現しました。葉野菜は鍋にくぐらせてもよいですが、おわんに入れ、熱いスープを注いで食べてもよいです。

Lẩu cháo
ラウ チャオ

お粥鍋

足立由美子

雑穀のお粥で鶏肉や根菜などを煮たものが鍋のベース。具材を入れて煮て、お粥と一緒に食べる

材料　3 ～ 4 人分
米…90g
雑穀（市販のミックス）…30g
押し麦…45g
水…3000cc
鶏もも肉（一口大のそぎ切り）…1 枚分（200 ～ 250g）
大根（いちょう切り）…200 ～ 240g
にんじん（花切り）…120g
かぼちゃ（1cm 幅に切る）…200g
A
- 塩…小さじ 1
- グラニュー糖…小さじ 2
- ヌックマム…大さじ 3

油揚げ…2 枚
細ねぎ…1 束分
あさり…12 個
えび…8 尾
きのこ 2 ～ 3 種類…各 1 パック（全部で 500g くらい）
せり…1 束（約 60g）
フライドオニオン、黒こしょう…各適量
塩こしょうライムだれ（P.52 参照）…適量
シーズニング赤唐辛子だれ
- シーズニングソース…適量
- 赤唐辛子…適量

POINT

ベトナムにはお粥で具材を煮て、お粥ごと食べる鍋料理があります。このレシピは、昔ハノイで食べた雑穀粥鍋の店の味を思い出しながらつくったものです。白粥鍋を出す店もあります。

a.　b.

1 米は洗って水気をきる。鍋に雑穀、押し麦とともに入れて乾煎りし、分量の水を加えて 15 分～ 20 分煮る。
2 米、雑穀、押し麦を取り出し（入れたままだと火が入りすぎて、スープがどろどろになる）、煮汁に鶏肉、大根、にんじんを加えて 15 分煮る。
3 カボチャを加えてさらに 8 ～ 10 分煮て、A を加える。
4 油揚げはフライパンでカリカリに焼いて、手で一口大にちぎる。細ねぎは 1/3 を小口切り、残りを長さ 7 ～ 8cm に切る。
5 あさりは殻をこすり合わせて洗い、砂抜きする。えびは尾を残して殻をむく。きのこ類はさっと洗って小房に分ける。せりは根を落とし、半分の長さに切る。
6 鍋に **2** で取り出した米、雑穀、押し麦と **3** をそれぞれ半量ずつ入れる。残りは取っておき、適宜足す。**4** の油揚げと小口切りにした細ねぎ、フライドオニオン、黒こしょうをふり、卓上コンロにのせる。**5** を皿に盛って添える。たれ 2 種はそれぞれ材料を 1 人分ずつ器に入れる。
7 土鍋に **5** を少しずつ加えて煮る。好みでお粥とともに食べたり（a）、具材をたれにつけて食べたりする（b）。

Xôi, Cơm

朝ごはんに、おやつに。
おこわとごはんもの

ベトナムにはおいしいごはんメニューもいろいろ。フエ発祥のコムアンフー（P.120）のような混ぜごはん、コムヘン（P.126）のような汁かけごはん、おこわ、お粥と、とてもバラエティ豊かです。わたしが好きなのは山岳地帯の少数民族がつくるコム ラム（Com lam）という竹筒で炊くごはん。ごま塩ピーナッツにつけて食べる、クセになる味です。

ベトナムではおこわにインディカ米のもち米を使います。日本のおこわにくらべて軽やかな食べごたえで、朝食やおやつなどの軽食としてよく食べられています。おこわ専門店や手押し車の屋台で売られることが多く、ピーナッツを入れた軽いものから、角煮やゆで鶏、揚げ鶏をのせたボリュームのあるものまで、いろいろ。インディカ米でつくるお粥も朝食や夜食によく食べられています。最近気に入っているごはんメニューはするめ粥（P.126）です。お粥もさまざまなものがあり、屋台や専門店で鶏粥や海鮮粥などが食べられます。

朝ごはんをよく食べに行くおこわ屋さんがあるのですが、そこは汁麺もおいていて、いつもおこわを一人前頼み、ハーフの汁麺をつけてもらっています。おこわはおやつの時間に食べることも。お気に入りのチェー屋さんには揚げ鶏のおこわがあるので、そこに行くとおこわを食べてからチェーを食べます。おこわは一人前のポーションが小さいので、ほかのものと一緒に食べられるのがよいところ。いろんなものをちょっとずつ食べるのって楽しいですよね。

Cơm âm phủ
コム アン フー

コムアンフー（フエ風混ぜごはん）

鈴木珠美

レモングラス風味のたれに漬けて焼いた豚肉、
錦糸卵、野菜やハーブでつくる混ぜごはん

材料　2人分
豚肩ロース肉（幅1cmに切る）…100g
A
- レモングラス（みじん切り）…10g
- にんにく（みじん切り）…小さじ1/2
- 赤玉ねぎ（みじん切り）…10g
- ヌックマム…小さじ1
- シーズニングソース…小さじ1
- 黒こしょう…少量
- グラニュー糖…小さじ1/2

ごま油…小さじ1
溶き卵…1個分
塩、グラニュー糖…各1つまみ
きゅうり…1/2本
ごはん（炊いた白米）…150g
ねぎ油…P.151掲載の全量
サニーレタス（せん切り）…大1枚分
えびのでんぶ（P.66）…えび4尾分
大根とにんじんのヌックチャム漬け（P.151）…適量
香菜（長さ1cmに切る）…5本分
ヌックチャムC…P.151掲載の全量

1. 豚肉をAに15～20分漬けこむ。フライパンにごま油を熱し、炒める。
2. 溶き卵に塩とグラニュー糖を混ぜ、薄焼き卵にして、せん切りにする。
3. きゅうりはピーラーで皮をむき、種をスプーンでとる。幅5mmに切る。
4. 器の中央にごはんを盛り、ねぎ油をかける。まわりに**1**～**3**、サニーレタス、えびのでんぶ、大根とにんじんのヌックチャム漬け、香菜を盛る。ヌックチャムを添える。ヌックチャムをかけ（a）、全体をよく混ぜる（b~c）。器によそい、各自、好みでヌックチャムをかけ足して食べる。

a.　b.

c.

POINT

フエにある「アン フー」という店が発祥です。店名はもともとは通称。アン フーは墓場という意味で、こう呼ばれるようになったのは、店が墓場の近くにあるからとも、お化けのでそうな通りにあるからともいわれています。ホーチミンなどのフエ料理店でも食べられます。

Xôi gà miền Bắc

北部風鶏おこわ

レシピ⇒ P.124

伊藤 忍

Xôi gà rô ti

南部の揚げ鶏おこわ

レシピ⇒ P.125

鈴木珠美

Xôi patê

レバーパテおこわ

レシピ⇒ P.125

伊藤 忍

Xôi ruốc

でんぶのせおこわ

レシピ⇒ P.125

伊藤 忍

Xôi gà miền Bắc

ソイ ガー ミェン バック

北部風鶏おこわ

伊藤 忍

鶏のゆで汁でおこわを炊き、ゆでた鶏肉をのせて食べる。柑橘の葉の香りが食欲をそそる

材料　4人分

A
- 鶏むね肉（半分に切る）…2枚分
- 細ねぎの白い部分（叩く）…4本分
- 水…500cc
- 塩…小さじ1と1/2

もち米（インディカ米）…300g

たれ
- シーズニングソース…大さじ3
- ヌックマム、水…各大さじ1と1/2
- きび砂糖…大さじ3

こぶみかんの葉＊…4~5枚

北部風のなます（P.151）…適量

＊：すじを取り除き、せん切りにする。

a.

b.

c.

1 鍋にAを入れて火にかける。沸いたら、弱火にしてアクをとり、約20～30分ゆでる。鶏肉に火が通ったら火を止め、ゆで汁に浸したまま冷ます。冷めたら繊維を断つ様に薄切りにする。

2 もち米は洗って水をきり、フライパンに入れる。1のゆで汁400ccを注ぎ、約30分浸しておく（a）。

3 2を強火にかけ、沸いたら火を弱める。汁気がなくなるまで木ベラで混ぜながら熱し（b）、もち米に鶏のゆで汁を吸わせる。

4 蒸気のあがった蒸し器にかたく絞った濡れぶきんを敷き、3を入れてふきんで包む（c）。10～15分蒸し、もち米がやわらかくなったら火を止め、ふたをしたまま約10分蒸らす。

5 小鍋にたれの材料を入れて火にかけ、きび砂糖が溶けたら火を止める。

6 器に4を盛り、1をのせる。たれをかけ、こぶみかんの葉を鶏肉にのせる。好みで北部風のなますを添える。

POINT

つくりやすいよう鶏むね肉を使ってスープをとりました。お好みでもも肉を使ってもよいです。もち米とスープをフライパンで加熱して、もち米にスープを吸わせてから蒸すことで、おいしさはそのままに、より短時間で炊き上げることができます。むね肉は冷めるまでゆで汁につけておくと、おどろくほどしっとりとした食感になります。

Xôi gà rô ti
ソイ ガー ロ ティ

南部の揚げ鶏おこわ

鈴木珠美

ココナッツミルクをふって蒸した甘い香りのおこわを、しっかり味つけした揚げ鶏で食べる

材料　4人分
もち米…2合
ココナッツミルク
…大さじ3
水…大さじ3
鶏手羽元…8本
揚げ油…適量
たれ
ヌックマム
…大さじ2と1/2
レモン汁…大さじ2
スイートチリソース…大さじ2
グラニュー糖…大さじ3
香菜の茎（みじん切り）…5本分
レモングラス（みじん切り）…1/2本分
フライドオニオン、大根とにんじんのヌックチャム漬け（P.151）…各適量

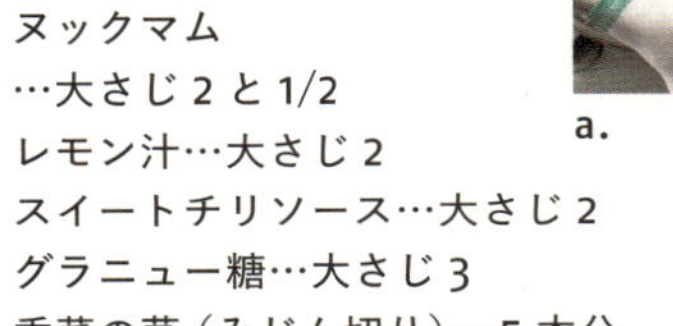

a.

1 もち米は軽く水洗いし、ひたひたの水（分量外）に浸して冷蔵庫に一晩おく。
2 絞ったぬれ布巾を蒸し器に敷き、**1**の水気をきって入れ、包む。蒸気のあがった鍋に蒸し器をのせ、約30分蒸す。その間、10分おきに、ココナッツミルクと水を混ぜたもの1/3量ずつをもち米にふる（a）。
3 手羽元は140℃の油に入れ、少しずつ温度を上げていく。10分くらいかけて180℃まで上げ、表面がきつね色になり、カリカリに揚がったら油をきる。たれの材料を混ぜ、揚げたての手羽元を入れてからめる。
4 皿に**2**を盛り、フライドオニオンをのせる。**3**、大根とにんじんのヌックチャム漬けを添える。

POINT

南部には甘じょっぱく味つけした揚げ鶏をのせるおこわがあります。小腹がすいたときに食べるおやつで、朝ごはんとしても食べられています。

Xôi patê
ソイ パテ

レバーパテおこわ

伊藤 忍

鶏のスープで炊いたおこわにレバーパテをのせる。米とパテの意外な相性のよさに驚かされる

材料
北部風鶏おこわのおこわ（左ページ）…適量
鶏レバーパテ（P.57）…適量
北部風のなます（P.151）、シーズニングソース
…各適量

1 おこわに鶏レバーパテをのせる。なますとシーズニングソースを添える。

POINT

北部では定番のおこわ。パテは少し室温に戻してやわらかくし、ふんわりするまで練るとよりおいしいです。

Xôi ruốc
ソイ ズック

でんぶのせおこわ

伊藤 忍

定番の食べ方のひとつ。肉のでんぶはいわば旨みたっぷりのふりかけ

材料
北部風鶏おこわのおこわ（左ページ）…適量
鶏のでんぶ（P.101）…適量
北部風のなます（P.151）、シーズニングソース
…各適量

1 おこわに鶏のでんぶをのせる。なますとシーズニングソースを添える。

Cháo mực khô

するめ粥

伊藤 忍

Cơm hến

コムヘン（しじみ汁かけごはん）

鈴木珠美

Cháo mực khô
チャオ ムック コー

するめ粥

伊藤 忍

するめのだしでつくるお粥。せん切りのしょうがをたっぷりと加え、さっぱりと炊き上げる

材料　4人分
するめ…1枚
水…1200cc
インディカ米…80 g
しょうが（せん切り）…1片分
ヌックマム、塩…各適量
薬味（細ねぎの小口切り、香菜の小口切り、フライドオニオン、黒こしょう）…各適量

1 するめは直火やトースターなどでさっとあぶり、洗って焦げを落とす。鍋に分量の水とともに入れて一晩おく（a）。
2 1の鍋を火にかける。沸騰したら弱火にし、30分煮てだしをとる。するめを取り出し、食べやすい大きさに切る。
3 インディカ米はサッと洗い、約30分ザルにあげておく。
4 3をフライパンで乾煎りし（b）、水分が飛んで乾いてきたら2のスープに入れる。途中で何度か全体を混ぜながら、弱火で約20分ほど炊く。
5 しょうがを加えてひと煮立ちさせ、ヌックマムと塩でうす味に味つけする。器に盛り、薬味をのせる。好みでヌックマムや塩を加える。

a.　　b.

POINT

するめのだしは南部でよく使われます。するめは直火であぶり、焦げを洗い落してから使うと風味がよくなります。ベトナムの米はでんぷんの少ないインディカ米。水で洗って空気にさらすと割れやすくなり、煎ることでさらに割れやすくなります。割れた米を使うとより短い時間で炊き上がります。

Cơm hến
コム ヘン

コムヘン（しじみ汁かけごはん）

鈴木珠美

しじみの汁かけごはん。たっぷりとごまをかけて、こうばしい風味をプラスする

材料　2人分
しじみ…300g
水…600cc
ヌックマム…大さじ1
塩…小さじ1
ごはん（炊いた白米）…80g
A
香菜（小口切り）…5本分
みょうが（小口切り）…1個分
サニーレタス（せん切り）…2枚分
みつば（1cm幅に切る）…4本分
大葉（ざく切り）…6枚分
B
ピーナッツ…大さじ2
白煎りごま…大さじ4
豚皮スナック（P.67）…適量
赤唐辛子（みじん切り）…適量

1 しじみのスープをとる。鍋にしじみと水を入れて火にかける。しじみの殻が開いたらザルで漉す。しじみの身は殻からはずす。スープはアクを取り除き、ヌックマムと塩で味つけする。
2 茶碗にごはんを盛り、混ぜあわせたA、しじみの身、Bをのせる。1のスープをまわしかけ、好みで赤唐辛子を加え混ぜて食べる。

POINT

中部フエの料理です。しじみはフエに流れるフーン川の特産物。現地では冷やごはんに熱々のしじみスープをかけてつくるため、食べるときにはぬるい状態に。あみえびでつくるマムルック（mắm ruốc）というかなりクセのある発酵調味料を好みで加えて食べます。フエ以外の土地ではフエ料理屋で食べられます。

Ăn vặt

小腹がすいたら、いつでもちょこちょこ。
甘いおやつとしょっぱいおやつ

ベトナムの人は食事のあいまに、甘いものやしょっぱいものをちょこちょこつまむのが好き。甘いものの代表格はチェーで、これは芋や豆、穀類やフルーツを甘く煮たぜんざいのようなもの。もとは温かい状態で食べるものでしたが、いまでは氷を入れて冷たくしたものもあります。しょっぱいものも豊富なのが特徴。いずれも、驚くほどたくさんのバリエーションがあります。

昔、ベトナムに住んでいた頃、夕方になると天秤棒をかついで豆腐のチェーを売る人が家の近くを毎日通っていて、グラスを持参すると、豆腐としょうがのシロップを入れてくれました。おやつは天秤棒のほか、手押しの屋台や自転車などにのせて売り歩かれることも。甘いものもしょっぱいものも、あまり当たりはずれがないのがすごいところです。

町のいたるところで一日中、おやつが売られています。甘いものの店が増えるのは午後３時頃。市場の中やまわりはいつでもいろいろなおやつが食べられます。なかでもわたしがよく食べるのはチェー。チェー屋で食べたり路上で食べたりします。ベトナムの外食は専門店化することが多いので、鍋屋でごはんを食べた後にチェー屋に入ってデザートを食べる、といった風に、行く店を選んで食べるものの流れを組み立てるのが楽しいです。

Xôi chiên

ソイ チン

ソイチン（おこわ揚げ　ひき肉炒めはさみ）

足立由美子

おこわを揚げ、肉そぼろをはさんだストリート
フード。ベトナムならではのしょっぱいおやつ

材料　4個分
もち米（インディカ米）…80g
サラダ油…大さじ1
にんにく（みじん切り）…小さじ1
玉ねぎ（みじん切り）…1/4個分
豚ひき肉…100g
A
　グラニュー糖…小さじ1/2
　シーズニングソース…小さじ1/2
　塩…少量
　黒こしょう…小さじ1/4
　水…大さじ3
水溶き片栗粉
　片栗粉…小さじ1
　水…小さじ1
揚げ油…適量
ホットチリソース、フライドオニオン…各適量

1 もち米はといで、炊飯器で炊く。
2 フライパンにサラダ油を熱し、にんにくと玉ねぎを炒める。色づいてきたら豚肉を加えて炒める。肉に火が通ったらAを加えてよく混ぜる。水溶き片栗粉を加え、とろみをつけて火を止める。
3 1を直径6cm・高さ4.5㎝のセルクル（円形の抜き型）に8割ほど詰めて抜く。これを4個つくる。
4 3を多めの油で揚げ焼きにする(a)。表面がカリッとしてきつね色になったら、油をきる。
5 4に横から切り込みを入れる(b)。2をはさみ(c)、ホットチリソースとフライドオニオンをかける(d)。

a.　b.

c.　d.

Bánh mì nướng mật ong

バイン ミー ヌン マット オン

バインミーヌン（焼きバインミー　はちみつ風味）

足立由美子

はちみつに浸したフランスパンを、バターでカリッと揚げ焼きに

材料　2人分
フランスパン（長さ20cm）…1本
はちみつ…80g
サラダ油…大さじ1
有塩バター…大さじ2

1 フランスパンをめん棒で叩き、のして平らにする(a)。
2 バットに1を入れ、はちみつを注いで約15分おく(b)。
3 フライパンにサラダ油を熱し、2の両面を焼く。焼き色がついたら、バターを加え(c)、パンに少し焦げ目がつくくらいまで焼く(d)。食べやすい大きさに切り分け、皿に盛る。

a.　b.

c.　d.

POINT

北部では串刺しにした鶏の炭火焼きを売るやきとりの屋台をよく見かけます。そこで売られているのがこのバインミー。フランスパンをつぶしてからはちみつに浸し、串刺しにして炭であぶってくれます。こうばしい香り、表面のカリカリとした食感、ほんのり甘い味がクセになります。

Bánh chuối hấp

蒸しバナナケーキ

レシピ⇒ P.136

鈴木珠美

Bánh chuối nướng

焼きバナナケーキ

レシピ⇒ P.137

足立由美子

Sữa chua nếp cẩm

黒米ヨーグルト

レシピ⇒ P.138

足立由美子

Cốt dừa cà phê

ココナッツコーヒー

レシピ⇒ P.138

鈴木珠美

Bánh chuối hấp
バイン チュイ ハップ

蒸しバナナケーキ

鈴木珠美

バナナとタピオカでんぷん粉を混ぜて蒸す。ぷるんと弾力の強い生地とさわやかな風味が特徴

材料　2～4人前
ココナッツミルクソース（つくりやすい分量）
　ココナッツミルク…200cc
　水…100cc
　グラニュー糖…25g
　塩…1つまみ
　片栗粉…大さじ1/2
　水…大さじ1/2
バナナ *1…250g（皮をむいた状態）
きび砂糖…50g
塩…2つまみ
タピオカでんぷん粉…50g
熱湯 *2…50cc
白ごま…適量

*1：皮にシュガースポット（黒い斑点）がでた状態の完熟バナナを使う。
*2：熱湯を使うとタピオカ粉の溶けがよく、蒸し上がりが早い。

1 ココナッツミルクソースをつくる。鍋にココナッツミルクと水を入れて温め、グラニュー糖と塩を加えて溶かす。水溶き片栗粉を加えてとろみをつける。
2 バナナは幅1cmの輪切りにする。きび砂糖と塩をふり、スプーンであえる。そのまま15分おく。
3 バナナの水分が出てツヤが出てきたら（a）、タピオカでんぷん粉と熱湯を加えて混ぜる（b）。
4 蒸気のあがった蒸し器にオーブンペーパーを敷いた器を入れて温めておく。あらかじめ器を熱しておかないと、蒸しているうちにタピオカ粉が底に沈殿してしまう。
5 4の器に3を入れて（c）、20分蒸す。
6 冷まして、食べやすい大きさに切り、皿に盛る。ココナッツミルクソースをかけ、白ごまをふる。

a.　b.

c.

POINT

チェー屋や天秤棒でおやつを売り歩く路上の甘味屋などで買えます。

Bánh chuối nướng

バイン チュイ ヌン

焼きバナナケーキ

足立由美子

フランスパンをココナッツミルク入りの卵液でふやかし、ピュレ状のバナナと混ぜて焼く

材料　12 × 23 × 5cm の型1本分

フランスパン…80g
卵…1個
ココナッツミルク…150cc
バナナ…200g ＋1本

A
- コンデンスミルク…50g
- 溶かしバター（有塩）…15g
- グラニュー糖…大さじ1と1/2

B
- シナモンパウダー…小さじ1/4
- 薄力粉…大さじ1

ココナッツミルクソース（作りやすい分量）
- ココナッツミルク…80cc
- 水…40cc
- グラニュー糖…10g
- 塩…1つまみ
- 片栗粉…小さじ1/2
- 水…小さじ1/2

a.　b.

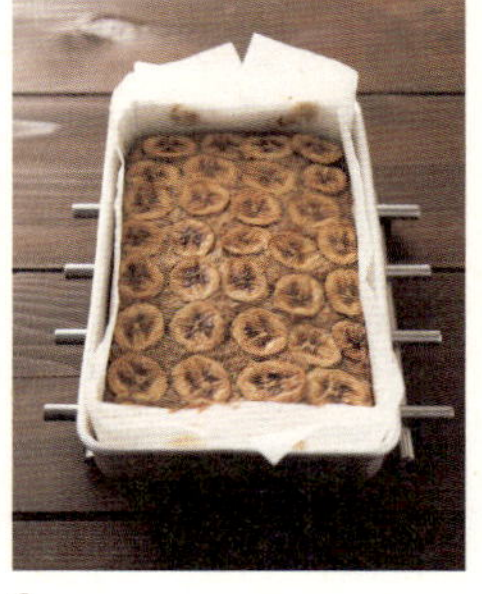

c.

1 フランスパンは手で細かくちぎり(a)、卵とココナッツミルクを混ぜたものに浸す。

2 別のボウルにバナナ 200g を入れてつぶす(b)。A を順番に加え混ぜる。**1** に加える。甘みが足りなければ、グラニュー糖を足し、B も加えて混ぜる。

3 型にオーブンペーパーを敷き、**2** を流し入れる。バナナ1本をスライスして上に並べる。200°Cに予熱したオーブンに、焼き色がつくまで 50 〜 60 分入れる。型に入れたまま冷ます(c)。

4 ココナッツミルクソースをつくる。鍋に水溶き片栗粉以外の材料を入れて火にかける。グラニュー糖が溶けて、沸騰したら、水溶き片栗粉を加えてとろみをつける。冷ます。

5 食べやすい大きさに切った **3** を皿に盛り、ココナッツミルクソースをかける。

Sữa chua nếp cẩm
スア チュア ネップ カム

黒米ヨーグルト

足立由美子

ココナッツミルクで甘く煮た黒米とヨーグルトを、氷とよく混ぜて飲むおやつ

a.

材料　約4人分
黒米…100g
水…200＋100cc
A
ココナッツミルク…50cc
グラニュー糖…50g
B
ヨーグルト（無糖）…200g
コンデンスミルク…40g
グラニュー糖…40g
クラッシュアイス…適量
ローストココナッツ…適量

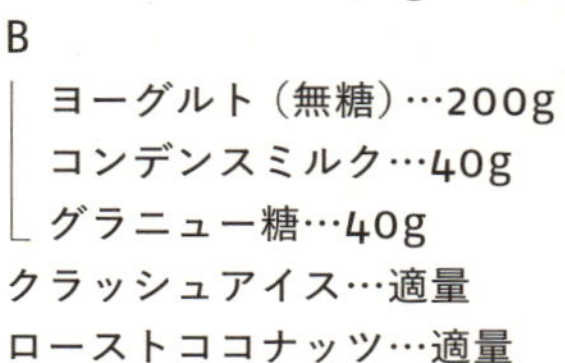

1　黒米はさっと洗い、水200ccに約30分浸す。水100ccを足し、鍋に入れる。ふたをして弱火で約25分煮る。途中、ときどきふたをあけてかき混ぜ、水が足りなければ足す。
2　水気がなくなり、黒米がやわらかくなったら、Aを加え、ふたをしないで約10分煮て冷ます。
3　グラスに2、Bを混ぜたものを順に1人分ずつ入れ、クラッシュアイスをのせる。ローストココナッツをふる。スプーンで中身を混ぜて食べる(a)。

POINT

ハノイには、いろいろなフルーツとココナッツミルクやコンデンスミルクを混ぜて食べるホア クア ザム（Hoa quả dầm）というおやつの屋台が並ぶ路地があります。そうした屋台でここ何年か流行っているヨーグルトを使ったおやつです。黒米のぷちぷち感とすっきりしたヨーグルトの酸味が意外にもよくあいます。

Cốt dừa cà phê
コット ズア カフェ

ココナッツコーヒー

鈴木珠美

シェイク状のココナッツミルクに、甘い香りの苦いベトナムコーヒーをかける

材料　1人分
ベトナムコーヒー豆（挽いたもの）
…大さじ山盛り1と1/2
熱湯…大さじ1＋100cc
A
ココナッツアイスクリーム（市販）…100g
ココナッツミルク…70g
クラッシュアイス…100g
練乳…30g

1　ベトナムコーヒーを淹れ、冷ましておく。
2　ブレンダーにAを入れ、なめらかになるまで回す。コップに入れ、1を注ぐ。

a.　b.　c.　d.

ベトナムコーヒーの淹れ方：
ベトナムで売っているアルミのコーヒーフィルターで淹れる方法をご紹介します。まず、耐熱のコップにコーヒーフィルターをのせ、ひいたコーヒー豆を入れます。中ぶたを豆の上にのせ（a）、熱湯（大さじ1）を注ぎます（b）。ふたをして30秒ほどむらし（c）、ふたをとって熱湯（100cc）を注ぎます（d）。

POINT

2007年に若者が立ち上げた「コンカフェ」（Công cà phê）というおしゃれなカフェのシグネチャーアイテムです。このカフェは昔のハノイをコンセプトとし、ハノイに1店目をオープンしたのですが、いまではベトナム全土に展開しています。フランス植民地時代のなごりで、カフェ文化が根づいたベトナム。どの地方にもカフェがあり、将棋を楽しんだり、おしゃべりに興じたり、のんびりと過ごす人を見かけます。

Bắp xào
バップ サオ

バップサオ（とうもろこしとあみえびの炒めもの）

足立由美子

甘いとうもろこしにあみえびの旨みとチリソース
の辛みが加わり、止まらないおいしさ

材料　4人分
とうもろこし（缶詰）…400g
有塩バター…20g
サラダ油…小さじ1
にんにく（みじん切り）…小さじ1
あみえび（乾燥）…10g
A
　ヌックマム…大さじ1
　グラニュー糖…小さじ2
塩…1つまみ
細ねぎ（小口切り）…大さじ4
フライドオニオン、ホットチリソース
…各適量

1. とうもろこしは汁気をきり、キッチンペーパーで汁気を拭く。
2. フライパンにバター半量、サラダ油、にんにくを入れて火にかける。香りがたってきたら**1**とあみえびを炒める。
3. A、バターの残り、塩、細ねぎを順に混ぜる。器に盛り、好みでフライドオニオンとホットチリソースをかける。

POINT

自転車の屋台で売りにくるおやつです。注文するとその場で炒めてくれます。小腹がすいたときにつまみます。

Chè bột lộc

チェー ボット ロック

フエ風くず団子のチェー

伊藤 忍

ココナッツの果肉やピーナッツを弾力のある生地で包み、しょうが味のシロップで煮る

材料　4人分

タピオカでんぷん粉…100g
熱湯…適量
ピーナッツ（半分に切る）…適量
ココナッツの果肉（缶詰・1cm角に切る）…適量
A
- しょうが（せん切り）…小1片分
- グラニュー糖…85 g
- 塩…1つまみ
- 水…300cc

1 鍋にたっぷりと湯を沸かす。ボウルにタピオカでんぷん粉を入れ、鍋の熱湯を少しずつ加えて箸などで混ぜる（a）。まとまってきたら手で練り混ぜる。さらに熱湯を少しずつ加え混ぜて、具を包めるやわらかさに調整する（b）。加える熱湯は約80cc。残りの湯は団子をゆでるのに使う。

2 1の生地を32等分し、ピーナッツやココナッツの果肉を入れて丸める（c~f）。

3 1の鍋の湯を沸かしなおし、2をゆでる。浮いてからもさらに少しゆで、しっかりと膨張したら水に取る。

4 別の鍋にAを入れて煮立て、グラニュー糖が溶けたら水気をきった3を入れてさっと煮る。汁ごと器に盛る。

a.　b.

c.　d.

e.　f.

POINT

中部フエの伝統的なチェーです。くず芋のでんぷんで生地をつくりますが、日本では手に入らないため、食感のよく似たタピオカでんぷん粉を使っています。またココナッツはあちらでは生を使いますが、このレシピでは日本でも入手しやすい缶詰のものを使いました。

ベトナム料理の成り立ち

伊藤 忍

純粋なベトナム料理は北部のもの

ベトナムは紀元前1世紀〜10世紀頃までは中国の支配下におかれ、1887〜1945年はフランスの植民地であったことから、文化のさまざまな面において、中国とフランスの影響を受けています。そのことについては『はじめてのベトナム料理』（柴田書店刊）に書いた通りですが、本書では、ベトナム料理の成り立ちについて、さらに細かくご紹介します。歴史的な観点からベトナム料理をみていくと、純粋なベトナム料理と呼べるものは北部の料理だといえます。ベトナムには54もの民族がおり、主要民族であるキン族（ベト族）はもともとは現在のベトナム北部を領土としていました。また、中部は17世紀まではチャム族、南部は15世紀まではクメール族が治めていました。チャム族やクメール族は現在でも少数民族としてベトナムに暮らしています。現在のベトナム料理はこれらの民族やそのほかの少数民族の影響を受けてできあがったものであり、料理文化に地域差があるのは、この歴史的な背景が原因のひとつとなっています。

中部のチャム族、南部のクメール族

たとえば、いまではベトナム料理に欠かせない魚醤ですが、もともとはマレー、インドネシア系海洋民族であったチャム族の影響で使われるようになったといいます。また、ベトナム中部は唐辛子づくりに適した土地であり、チャム族によって盛んに生産されていたため、いまでも中部には辛い料理がたくさんあります。

南部に暮らしたクメール族は現在のカンボジアをつくった民族で、その昔、インド文化の影響を強く受けていました。そのため、南部の料理にはスパイスを多く使うという特徴があります。ベトナムにもカリーという料理があるのですが、これを日常的に食べるのは南部だけです。

現在のベトナムには中部や南部では食べられているけれど、北部では見られない料理がかなりたくさんあります。それらはおそらく、北部のみを領土としていた昔のベトナムでは食べられていなかったものであり、ベトナムの領土となるより前から中部や南部に住んでいた民族の影響を受けてできあがったものなのです。

中華系移民による影響

また、中国に支配されていた時代に受けた影響とはまた別に、中国からの移民である華人による影響もまた、とても大きいと考えられます。ベトナムでは17世紀中頃と19世紀半ば〜20世紀初期の2度にわたって中国からの移民のピークがあり、たくさんの華僑がベトナムに帰化して華人となりました。

ベトナム中部にあるホイアンやダナンには、16世紀頃から移民によって中華街がつくられ、フランス統治時代直前まで華人の町として栄えました。また、18世紀には南部のメコンデルタ地域に華僑が定住していったといわれています。華人はこれらの町以外でも、北部、中部、南部のそれぞれの地域で大きな経済力を持ち、町を発展させる役割をにないました。料理の分野においても各地に中国料理の影響を受けたものが多く残っています。

地域による気候と産物のちがい

北部は亜熱帯気候で日本と同様に四季があり、冬は10℃を下まわることも。一方、南部はモンスーン気候で、一年中暑く、雨季と乾季があります。中部にも雨季と乾季があり、雨季は肌寒く、乾季は酷暑という厳しい気候です。

地形的には、北部は山が多く、中部は海岸線沿いに町があり、南部は湿地が多いというちがいがあります。また、北部や南部には大きな川があるので淡水魚を食べますが、中部は海水魚を使った料理がポピュラーです。野菜は北部ではいもや根菜などを、南部ではなすや瓜などの果菜、ハーブ類、南国野菜などをよく食べます。このような、気候や地形のちがいにより、とれる食材や好まれる味つけが地方によって異なり、多彩な食文化が育まれてきたのです。

ベトナム人はいつ、何を食べているのか

伊藤 忍

ひとくちにベトナム料理といっても、さまざまな料理があります。おいしいものを食べるのが大好きなベトナム人はいつ、何を食べているのか。ここでは、その一例をお伝えします。

朝ごはん

外食がさかんなベトナム。朝ごはんは基本的に外食です。朝は軽めにすませることが多く、白いごはんを食べることはありません。唯一の例外はコム タム（cơm tấm）。くだいたお米を炊いた軽い食感のごはんで、たれに漬けてから焼いた豚肉などの味の濃いおかずをあわせます。そのほかにはフォーをはじめとする麺類、肉まんなどの粉もの、米粉でつくる餅類、お粥、おこわ、パンを添える料理やサンドイッチなどを食べます。

昼ごはん

ベトナムでは食事をすることをアン コム（ăn cơm）といいます。直訳すると「白いごはんを食べる」という意味です。ベトナムの人にとって食事とは、白いごはんとそれにあう料理を食べること。

昼ごはんは、主食であるごはん、肉か魚でつくる主菜、野菜をたくさん入れる汁もの、卵、豆腐、肉、魚介、野菜などでつくる副菜で構成されます。ミークアン（P.38）やブンチャーヨー（P.32）などの食べごたえのある麺を昼食とすることもありますが、昼ごはんといったら普通は白いごはんを中心としたこの構成です。

主菜は白いごはんがすすむ、しっかりと味つけされたもの。汁ものは家庭でつくるときには特にたくさんの野菜を入れます。副菜は主菜と汁もので足りない分をおぎなうため、卵、豆腐、肉、魚介、野菜でつくるおかず。ごはんがすすむ漬物もふくまれます。

外食する場合にはビンザン食堂（P.76 ～ 77）に行って、好みの主菜、汁もの、副菜を選んで注文します。本書のコムビンザンの章（P.76 ～ 89）では、ビンザン食堂で提供されている主菜、汁もの、副菜のレシピをご紹介しています。

おやつ

ベトナムでは朝、昼、晩の食事のあいまに甘いものや軽食を食べます。これらを「アン ニェ（ăn nhẹ）＝軽食」、「ディエム タム（điểm tâm）＝点心」、「アン ヴァッ（ăn vặt）＝おやつ」などと呼びます。

甘いものはチェーなどの甘味類。中国料理でいうところの甜点心です。フルーツも食べられています。

軽食として食べられているのは、朝ごはんにも食べる麺類、粉もの類、餅類、お粥、おこわ、サンドイッチなどのパンメニュー。中国料理でいうところの鹹点心です。

これらは専門店で食べたり、屋台や路上に出現する露店、自転車や天秤棒で売り歩く人などから買います。

晩ごはん

家庭でとる食事は、昼ごはんと同様に白いごはん、主菜、汁もの、副菜という構成。ビンザン食堂は昼の営業がメインで、夜もやっているところもありますが、早くに閉まります。日本でいう居酒屋のような存在のビアホイ屋（P.91）、やぎ鍋などの鍋料理店、レストラン、路上に出現する串焼き鳥屋など、専門店に食べに行くこともあります。

夜食

おやつ同様に甘いものや軽食を食べます。

ごちそう

家族全員がそろう週末や時間があるとき、親戚が集まるとき、お客さんをもてなすときには少し手間のかかる料理をつくります。そういう場合はふだん食べている白いごはんはださず、ブンやライスペーパーなどといっしょに食べる料理をつくることが多いです。こうした料理をベトナム語では「モン アン ンガイ チュウ ニャット（món ăn ngày Chủ Nhật）＝日曜日の料理」と呼びます。

また、結婚式や宴会でも、やはり日常の象徴である白いごはんをだすことはなく、ごはんメニューがだされる場合は炒飯などの手のこんだものにします。そうしたお祝いの場では、昔はすべての料理を大皿に盛って一度に並べたそうですが、フランス統治時代以降、1品ずつ順番に料理を出すコーススタイルが取り入れられるようになりました。

コーヒーとお茶

伊藤 忍

ベトナムでは緑茶がポピュラー

お茶は、かつては特権階級のおもてなしの飲みものでしたが、現在は日常的に飲まれています。ベトナムで主に飲まれているのは、緑茶。続いて飲まれているのが緑茶に花の香りをつけたジャスミン茶や蓮茶などで、緑茶の栽培も盛んです。

ベトナムのお茶は日本のお茶と同様に急須を使って抽出しますが、日本のお茶よりももっと濃くだします。少しずつ飲むので、日本の湯のみに当たる茶器はお猪口ぐらいの小ささ。暑い季節や地域もあることから、氷を入れた冷たいお茶もよく飲まれています。

ハノイなどの北部の街中では、いたるところに急須でお茶を入れてくれる茶屋があります。道端に低いプラスティックの椅子と急須を保温するウォーマーが置いてあれば、そこがお茶屋です。

フランスの影響で生まれたカフェ文化

対して、ホーチミン市などの南部では、お茶だけを飲ませる茶屋はなく、コーヒーを出す路上カフェで、コーヒーの後にお茶を出してくれます。

コーヒーがベトナムに伝わったのは 17 ～ 18 世紀と言われていますが、本格的に定着したのはフランス統治時代の 1857 年以降です。最初にコーヒー文化が広まったのは、サイゴン（現在のホーチミン市）で、フランス人が自分たちのためにつくったカフェが 2 軒あったそうです。1900 年代に入るとベトナム人も飲むようになり、カフェも増えていきました。

ベトナムコーヒーの豆はフレンチローストタイプの深煎りで、アルミのフィルターでゆっくりと抽出します。もともとは砂糖を入れただけのホット、アイスのコーヒーが飲まれていました。その後、コンデンスミルクを加えて飲むスタイルが生まれ、一般化しました。

ベトナムでは、どこの町に行っても必ずコーヒーを出すカフェがあります。コーヒーという飲みものだけでなく、カフェでコーヒーを飲むという文化そのものをフランスから受け継いだといえます。

ベトナムは
ストリートフード天国

足立由美子

おやつの種類は無限大

ベトナムでは街を歩けば、一日中いつでも、おやつを食べさせる屋台に出くわします。屋台だけでなく、自転車や天秤棒に積んで売り歩いたり、路上に店を広げる人もいます。

芋、豆、穀類、フルーツなどを甘く煮たぜんざいのようなチェー、ココナッツやバナナのケーキ、アイスクリームやプリンなどの甘いもののほかに、しょっぱいおやつが充実しているのもうれしいところ。ボッチン（P.68）、バインチャンヌン（P.11）、バインチャンチョン（P.11）、生春巻き（P.16）、青パパイヤのサラダ、さつま揚げ、バップサオ（P.139）、揚げたネムチュア（発酵ソーセージ）。そのほか数えきれない種類のおやつが食べられます。

20 年間、年に数回ベトナムに行っていますが、いつ行っても見たことのないおやつに出会います。

学校の近くはおやつの宝庫

いろいろなおやつを味わいたいと思ったら、ねらい目は学校。校門の近くには、下校時刻が近づくと、どこからともなくたくさんの屋台が集まります。

ココナッツやヨーグルトを使った甘いおやつもあれば、具材を選ぶとその場で揚げてくれるしょっぱいおやつなども。下校時刻の少し前に行って、子どもたちが並び始める前にかたっぱしから買い食いします。

残念なことに、こうしたお店にはビールはおいていません。揚げたてのさつま揚げを食べながら、ここにビールがあったら……と、いつも思います。

ベトナムの調味料について

伊藤 忍

ベトナム料理では、日本同様にさまざまな調味料を使い分けます。日本では手に入らないものもありますが、ここではベトナムの人たちが日常的に使っている調味料のことをお伝えします。

ヌックマム

Nước mắm ヌック マム

ベトナムの魚醤。中でもカタクチイワシから作るものが一番よく使われています。カタクチイワシに塩を混ぜて、樽やかめに入れ、6か月〜1年（それ以上長い場合もある）乳酸菌発酵させた上澄み液がヌックマムです。

最初にとった上澄み液を「一番搾りのヌックマム（Nước mắm cốt、Nước mắm nhĩ／ヌック マム コット、ヌック マム ニー）」と呼び、一番搾りをとった残りの魚に低濃度のヌックマムと水を加えて、2番搾り以降をつくります。ヌックマムにはN値と呼ばれる度数があり、値が高いほど旨み成分が多く、美味しいとされています。自然醸造でつくられるおいしいヌックマムは35〜40Nぐらい。60Nなどの高濃度のものも売られていますが、こうしたものは煮つめるなどして人工的につくられたものです。

大豆醤油

Xì dầu シー ザウ
Nước tương ヌック トゥン

ベトナムに移住した華人によって伝えられた中国の醤油（広東では鼓油、潮州では豆味油という）がベトナムの調味料として定着したものです。大豆を発酵させ、甘みと旨み成分を添加してつくります。ヌックマムの次によく使われる調味料です。日本では入手が難しいので、タイのシーズニングソースで代用します。

大豆味噌

Tương トゥン

北部から中部にかけては味噌づくりで有名な村が多いです。塩水を加えてつくるため、日本の味噌よりもしゃばしゃばしています。つけだれや煮ものの味つけなどに使います。南部では、中国・広東の甘味噌「海鮮醤」の影響を受けた「トゥン デン（Tương đen）＝黒味噌」も、生春巻きのたれやフォーにかける調味料としてよく使われています。

魚介の発酵調味料

Mắm マム

魚介類に塩を加え、乳酸菌発酵させた調味料全般を指します。なかでも北部にはえびからつくるマム トム（Mắm tôm）が、中部にはあみえびでつくるマム ルック（Mắm ruốc）が、中南部にはさわらでつくるマム ガー トゥー（Mắm cá thu）が、南部には淡水魚からつくるものなどがあります。

チリソース

Tường ớt トゥン オット
Tường ớt chua ngọt
トゥン オット チュア ゴット

ホットチリソースとスイートチリソースがあります。ホットチリソース（Tường ớt）は、やわらかく煮た赤唐辛子に砂糖、酢、にんにくやトマトを加えてペースト状にしたもの（トマトを加えないものもあります）。卓上でフォーに加えたり、するめや揚げものにつけたり、バインミーにかけたりします。スイートチリソース（Tường ớt chua ngọt）は、水に砂糖ときざんだ唐辛子、にんにく、酢、塩などを入れ、煮つめるかデンプンを加えるかしてとろみをつけたものです。薄めてたれにしたり、揚げものに添えたりします。

砂糖

Đường ドゥーン

主にグラニュー糖を使いますが、ブラウンシュガー、氷砂糖、パームシュガーなども使われています。ヌックマムでつくる甘酸っぱいたれにはグラニュー糖、煮ものにはブラウンシュガー、チェーのシロップには氷砂糖がむいています。パームシュガーはベトナム南部のメコンデルタ地域でつくられており、南部の料理にはよく使われます。

酢

Giấm ヤム, Dấm ザム

米、もち米、バナナなどからつくるものがポピュラー。市販されているのは、合成酢が多いので、手づくりする人も多いです。日本の酢よりも酸味が弱いのが特徴。

ベトナムで使われている香草と香味野菜

ベトナム料理は香草や香味野菜をたくさん使います。ここでは、現地でよく使われているものをご紹介します。

香菜

rau mùi ザウ ムイ（北）
ngò rí ゴー リー（南）

ベトナム料理ならなんにでも入っていると思われがちですが、そういうわけではありません。家庭ではスープや一部の麺料理に飾りとして使われます。ライスペーパーに肉や魚、野菜を巻いて食べる料理では、入れないことも多いです。

オリエンタルバジル

rau húng ザウ フン（北）
húng quế フン クエ（南）

タイの「ホラパ」と同種のバジルです。茎は紫色で、とても華やかな香りがあります。南部スタイルのフォーには欠かせません。他の麺料理に添え、卓上で葉をつんで加えることも多いです。特に南部では、ライスペーパーで巻いて食べる料理には必ず使います。

ミント

húng lủi フン ルイ（共通）
bắc hà バック ハー（北）

ライスペーパーで巻いて食べる料理や、ブンなどのあえ麺、あえものなどに加えることが多いです。húng lủi はスペアミントのことですが、北部の bắc hà は別種のミントもふくめた呼称です。

ノコギリコリアンダー

mùi tàu ムイ タウ（北）
ngò gai ゴー ガイ（南）

葉の縁がギザギザとしたハーブで強烈な風味があります。南部スタイルのフォーには欠かせないハーブで、牛肉と相性がよいので、牛肉のあえものなどにも使われます。南部の山芋のスープには、これをきざんで加えます。

ディル

thìa là ティア ラー（北）
thì là ティー ラー（南）

フランス統治時代に伝わったハーブですが、栽培に適した気候である北部に定着しました。魚介料理やトマトを使った料理とは特に相性がよく、北部では細ねぎとともに使うことが多いです。

しそ（大葉）

tía tô ティア トー（共通）

表が緑、裏が赤いものが多いです。ライスペーパーで巻いて食べる料理や、北部のなすの煮込み料理にきざんで加えたり、たにしや貝の料理に添えたりします。

ラー ロット

lá lốt ラー ロット（共通）

和名はハイゴショウ。こしょうの仲間です。葉を料理に使います。非常に香りがよく、叩いた牛肉と香味野菜を包んで焼く「ボーラロット」はこの葉を使った料理。叩いた肉類を巻いて焼き、麺のトッピングにするといった使い方もポピュラーです。

キン ゾイ

kinh giới キン ゾイ（共通）

和名はナギナタコウジュ。シソ科の植物で、しそよりもより強い個性的な香りを持ち、北部の麺料理によく使われます。近頃は日本でもたまに見かけるようになりました。大葉やレモンバームで代用するのがおすすめです。

たで

rau răm ザウ ザム（北）
rau răm ラウ ラム（南）

ピリッとした辛味と強烈な香りをもつニオイタデ科イヌタデ属のハーブ。解毒作用もある事から、貝料理や臓物料理、孵化寸前のあひるのゆで卵などには必ず添えられます。南部ではあえものの香りづけにもよく使われます。

オリエンタルバジル

ノコギリコリアンダー

しそ

たで

どくだみ

giấp cá ザップ カー（北）
diếp cá イエプ カー（南）

ベトナム語ではその香りが生ぐさい事から、「魚の葉」と呼ばれています。ライスペーパーやリーフレタスで巻いて食べる料理によく使われます。南部ではバインセオや生春巻きにも入れることが多いです。

レモングラス

sả サー（共通）

レモンと同じ香り成分を持つイネ科の植物で、ベトナムでは主に茎の部分を使います。細かくきざんでカリカリになるまで油で炒めたり、他の香味野菜と混ぜて肉や魚に下味をつけたり、魚介と蒸したりします。

唐辛子

ớt オット（共通）

その昔、中部から広がり、現在では全土で使われるようになりました。地域ごとにさまざまな種類があり、風味や辛さがことなります。熟した赤唐辛子、未熟な青唐辛子どちらも使われています。生で使うほか、中部や北部の山岳地帯では、乾燥唐辛子や粉唐辛子も使われています。

にんにく

tỏi トイ（共通）

日本のものよりも小ぶりで香りもおだやかです。

細ねぎ

hành lá ハン ラー（共通）

Hành lá は細ねぎの総称。ベトナム料理には欠かせません。スープや麺類、料理の仕上げにきざんでかけたりします。北部ではざく切りにして料理やスープの具材としてたっぷり使うことも。きざんだ細ねぎに熱した油や脂をかけた「モー ハン（mỡ hành）＝ねぎ油」もよく使われます。

赤わけぎ

hành khô ハン コー（北）
hành tím ハン ティム（南）

タイのホムデンと同じもの。玉ねぎの仲間であるエシャロット（英語ではシャロット）とねぎとの交雑種であるわけぎのうち、紫色をしたもののこと。ふくらんだ根本の部分を使います。スライスして干して保存することもあります。香りがとてもよいので、にんにくといっしょに炒めて、油に香りをうつし、煮ものや炒めものに使うことが多いです。本書で使っているフライドオニオンはこれを揚げたもの。

ベトナムライム

chanh チャイン（共通）

日本で手に入るライムにくらべて小さく、丸い形のライムで、メキシコのキーライムやタイのマナオと同種。さわやかな香りと酸味で、ヌックマムや砂糖とあわせて甘酸っぱいたれにしたり、汁麺に果汁を搾りかけたりして使うことが多いです。日本では、ライムやレモンで代用します。

しょうが

gừng グン（共通）

日本のしょうがと同種ですが、やや水分が少なくてかため。

南姜

riềng ジィエン（共通）

タイの「カー」と同じもの。英語ではガランガル。北部料理には欠かせない香味野菜。生姜よりも個性的な強い香りを持つことから、臭みの強い川魚の煮ものや、肉の漬けだれなどによく使われます。

ベトナムライムの葉

lá chanh ラー チャイン（共通）

さわやかな香りがあり、生のままごく細く切って、鶏肉やたにしの料理によく使います。日本では手に入らないので、こぶみかんの葉（タイのバイマックルー）で代用するとよいです。

クーネン

củ nén クー ネン（共通）

チャイブの仲間です。らっきょうに似た形をした地下茎を使います。中部、特にフエの料理には欠かせません。

※ベトナムは南北で言葉・発音が大きくちがいます。ベトナム語名の後ろの（南）は南部の、（北）は北部の、（共通）は南北で共通の言葉・発音を指します。

にんにく

細ねぎ

赤わけぎ

ベトナムライム

この本で使う調味料と材料

ヌックマム

ベトナムの魚醤。メーカーによって塩気の強さや味わいが異なるので、使う際には必ず味をみて調整してください。南部のフーコック島が産地として有名です。この本では、写真のフーコック産のヌックマムを使っています。詳しくは→ P.145

シーズニングソース

大豆醤油です。ヌックマムと並んでよく使われます。ベトナム産は手に入りにくいので、タイのものを使います。砂糖と旨み調味料が添加されており、甘みがあります。

ホットチリソース

唐辛子とにんにくを煮てペースト状にし、調味料を加えてつくられる辛いソース。日本でもベトナム産のものが入手可能です。そのままつけだれにしたり、仕上げにかけたり、汁麺に添えたりします。詳しくは→ P.145

タマリンド

タマリンドはマメ科の植物。果肉を種ごとかためた状態で売られており、水でふやかし、もんでペースト状にして使います。さわやかな酸味が特徴。

フライドオニオン

赤わけぎ（右ページ）を揚げたもの。ベトナム産とタイ産が入手可能。麺やサラダなどにかけて使います。玉ねぎを揚げたフライドオニオンとは味も風味もちがうので、必ず東南アジア産を使います。

細ねぎ

万能ねぎ、小ねぎ、青ねぎなどの名前で売られていることも。青い部分は薬味として、下の白い部分は香味野菜として使うことが多いです。

香菜

タイ語ではパクチー。独特の香りでクセになる味わい。詳しくは→ P.146

赤唐辛子

ベトナムの唐辛子は日本のものよりも辛いです。ベトナム産は手に入らないので、タイ産の生か冷凍のものを使います。詳しくは→ P.147

レモングラス

生のものを使います。レモンの芳香のあるハーブで、料理に使うのは根本から20㎝くらいの部分までです。冷凍保存可能。詳しくは→ P.147

オリエンタルバジル

東南アジア種のスイートバジルを使います。日本ではタイのホラパが入手可能。手に入らなければ、イタリアンバジルで代用可能です。詳しくは→ P.147

赤わけぎ

直径3～4㎝ほどの大きさ。ベトナム語では hành tím（ハン ティム）といいます。日本ではホムデンとタイ語で呼ばれることが多いです。詳しくは→ P.147

青いマンゴー

熟す前のマンゴーは野菜として使われます。果肉は黄色く、ほんのりとした甘みと強い酸味があり、熟したものよりもややかたいです。

スペアミント

ミントにはいろいろな種類がありますが、ベトナムでは料理にスペアミントを使うことが多いです。

青パパイヤ

未熟なパパイヤを野菜として用います。果肉はかたく、しゃきしゃきとした歯ごたえが特徴。サラダや薬味に使います。

こぶみかんの葉

タイ語でバイマックルー。生を使います。ベトナムではチャイン（chanh・P.146参照）というライムの葉を使いますが、日本では入手できないので、こぶみかんの葉で代用します。冷凍保存可能。

ベトナムで売っている便利な道具

空心菜カッター

a.

b.

c.

d.

空心菜の茎を細くさくための道具。空心菜の茎の空洞に串をさしこみ（a）、茎を引き抜いて使う（b~c）。オレンジの部分に放射状に刃が仕込まれており（d）、そこを通すことで茎が細く切りさかれるという仕組み。

波刃包丁

a.

b.

c.

刃が波状になっている包丁。柄がついたものとついていないものがある。柄のついていないものはカードやスケッパーのように、手に持って切る。大根とにんじんのなますをつくるとき、野菜を棒状に切るとき（a~b）などに使われる。野菜の断面が波状になる（c）。

波刃スライサー

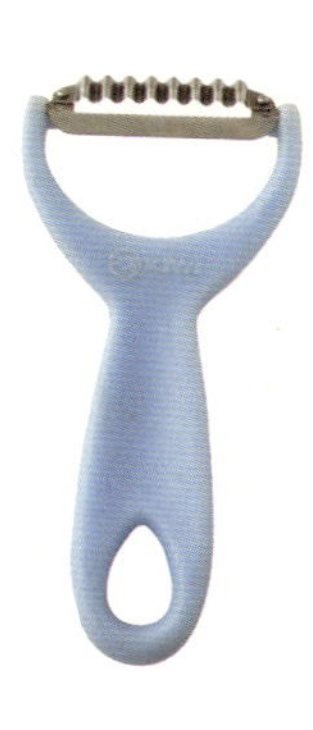

a.

b.

c.

刃が波状になったピーラー。これはタイ製だが、ベトナムでも同じようなものを売っている。これできゅうりやにんじんの皮をむき（a）、薄切りにするとまわりが波状になる（b）。むくとせん切りができる（c）。

共通レシピ（すべてつくりやすい分量）

ヌックチャム

A　足立由美子

ヌックマム…大さじ2
レモン汁…大さじ2
グラニュー糖…大さじ3
湯…大さじ6
にんにく（みじん切り）…1/2片分
赤唐辛子（みじん切り）…1/2本分

B　足立由美子

ヌックマム…大さじ2
レモン汁…大さじ1
グラニュー糖…大さじ3
湯…大さじ6

C　鈴木珠美

ヌックマム…大さじ2
レモン汁…大さじ3
グラニュー糖…大さじ3
水…大さじ2
にんにく（みじん切り）…小さじ1/2
赤唐辛子（みじん切り）…1/3本分

まず、分量の水もしくは湯にグラニュー糖を溶かし、残りの材料を混ぜてつくる。ベトナムではたれ全般をヌックチャムというが、本書ではベトナム料理でもっともよく使われる、ヌックマム、レモン汁、砂糖をベースとしたたれのことをさす。分量はあくまで目安。レモンはものによって酸味がちがうので、必ず味見をして調整すること。

ねぎ油

A　足立由美子

細ねぎ（小口切り）…大さじ3
塩…1つまみ
サラダ油…大さじ4

B　伊藤 忍

細ねぎ（小口切り）…2～3本分
塩…1つまみ
サラダ油…大さじ1

C　鈴木珠美

細ねぎ（小口切り）…大さじ4
米油…大さじ4

耐熱容器に細ねぎを入れ、塩を使う場合は混ぜる。フライパンでサラダ油を熱し、容器に注いで手早く混ぜる。

北部風のなます

伊藤 忍

青パパイヤとにんじん…あわせて300 g
グラニュー糖…大さじ3
米酢…大さじ2

1　青パパイヤ（大根で代用可）とにんじんは繊維を断つように薄切りする。
2　グラニュー糖と米酢を加え、手でしっかりともみこみ、約30分おく。水気をしぼる。

南部風のなます

伊藤 忍

大根とにんじん…あわせて300 g
塩…小さじ1
湯…大さじ2
グラニュー糖…大さじ2
米酢…大さじ2

1　大根とにんじんは太めのせん切りにする（あれば波刃包丁で）。塩をまぶして約5分おく。
2　しんなりしたら2～3回水をかえながらもみ洗いをして塩気をおとす。水気をしっかりと絞る。
3　別のボウルで湯にグラニュー糖を溶かし、米酢を加え混ぜる。**2**を加え、皿と重石をのせて約30分おく。

大根とにんじんのなます

足立由美子

大根*…120g
にんじん*…50g
塩…1つまみ
湯…大さじ2
グラニュー糖…大さじ2
米酢…大さじ2

＊：皮をむいたもの。

1　大根とにんじんは波刃包丁でマッチ棒くらいの太さ、長さに切る。塩をまぶしてしばらくおく。
2　湯にグラニュー糖を混ぜて溶かし、米酢を加え混ぜる。
3　**1**の水気をしぼり、**2**に約15分漬ける。

青パパイヤとにんじんのなます

足立由美子

青パパイヤ（せん切り）…120g
にんじん（せん切り）…50g
塩…1つまみ
湯…大さじ1と1/2
グラニュー糖…大さじ1と1/2
米酢…大さじ2

1　青パパイヤとにんじんをあわせてボウルに入れ、塩をまぶしてしばらくおく。
2　湯にグラニュー糖を混ぜて溶かし、米酢を加えて混ぜる。
3　**1**の水気をしぼり、**2**に約15分漬ける。

大根とにんじんのヌックチャム漬け

鈴木珠美

大根…100g
にんじん…50g
ヌックチャムC（上記）…大さじ3

1　大根とにんじんは波刃包丁で太めのせん切りにし、塩（小さじ1弱）をまぶして15分おく。
2　水洗いして、しっかり絞り、ヌックチャムに2～3時間漬ける。

アジア食材取扱店

アジアスーパーストア
東京都新宿区大久保1-8-2
シャルール新宿2F
03-3208-9200
https://www.asia-superstore.com

野澤屋
東京都台東区上野4-7-8
アメ横センタービル BF1
03-3833-5212
https://www.nozawaya.com

錦糸町ヤオショー
東京都墨田区錦糸1-4-11
03-4431-3500
http://www.asiayaosho.com

福山商店
東京都大田区西蒲田7-64-4
03-3733-7730

タンハー
神奈川県横浜市泉区上飯田町3050
045-803-2597

タイランド
東京都墨田区錦糸3-7-5
03-3625-7215

リトルハノイ
http://littlehanoi.nagoya

林商店
http://hayashi.ocnk.net

タイフード
http://www.thaifood.jp

アイタイランド
http://www.ai-thailand.com

ベトナム料理は生春巻きだけじゃない

ベーシックからマニアックまで　おいしいレシピ88

初版印刷　2018年8月31日
初版発行　2018年9月20日

著者©　足立由美子　伊藤 忍　鈴木珠美

発行者　丸山兼一
発行所　株式会社 柴田書店
東京都文京区湯島3-26-9　イヤサカビル　〒113-8477
電話　営業部　03-5816-8282（注文・問合せ）
書籍編集部　03-5816-8260
URL　http://www.shibatashoten.co.jp

印刷・製本　シナノ書籍印刷株式会社

ISBN 978-4-388-06292-8
Printed in Japan

huda
BEER
BREWED WITH NATURAL INGREDIENTS
LARUE
1909
ARUE
huda
BGI
BEER
BIERE LARUE
EXPORT
SPECIAL
SAIGON
SPECIAL